서 부장의
슬기로운 이중생활

서 부장의

슬기로운 이중생활

초판 1쇄 인쇄 _ 2022년 2월 10일
초판 1쇄 발행 _ 2022년 2월 15일

지은이 _ 서성현

펴낸곳 _ 바이북스
펴낸이 _ 윤옥초
책임 편집 _ 김태윤
책임 디자인 _ 이민영

ISBN _ 979-11-5877-285-7 03190

등록 _ 2005. 7. 12 | 제 313-2005-000148호

서울시 영등포구 선유로49길 23 아이에스비즈타워2차 1005호
편집 02)333-0812 | 마케팅 02)333-9918 | 팩스 02)333-9960
이메일 bybooks85@gmail.com
블로그 https://blog.naver.com/bybooks85

책값은 뒤표지에 있습니다.
책으로 아름다운 세상을 만듭니다. ― 바이북스

미래를 함께 꿈꿀 작가님의 참신한 아이디어나 원고를 기다립니다.
이메일로 접수한 원고는 검토 후 연락드리겠습니다.

서 부장의

슬기로운
이중생활

서성현 지음

바이북스
ByBooks

| 차례 |

Part **1**

모범사원
서 부장은
왜 **이중생활**을
시작했나

내일이 아니라 오늘을 살아야 한다. 인생의 목표는
더 많은 일이 아니라 더 많은 한가로움이다.

우리는
왜 그토록 치열하게
앞만 보며 달려왔는가

산부인과에 다녀왔다는 아내의 눈에는 입을 떼기 전부터 눈물이 고여 있었다. '아, 좋은 소식은 아니구나.' 느낌적인 느낌이 왔다.

"계류유산이래. 목요일에 제거수술 예약하고 왔어."

좋은 소식이 아닐 거라 예상했지만 아내의 눈을 마주 보며 목소리를 통해 들으니 내 눈에도 뜨거운 무언가가 차올랐다.

"혹시…… 하루 휴가 내고 같이 병원에 가줄 수 있어?"

아내가 이야기한 수술 날에는 이미 중요한 회의가 잡혀 있었다. 아내는 내게 말을 건네면서도 이미 큰 기대는 하지 않는 눈치였다. 회사가 삶의 전부인 것처럼 살고 있는 나를 잘 알고 있었기 때문이다. 하지만 나는 그런 그녀에게 '안 될 것 같아.'라는 즉답을 할 용기가 없었기에 "최대한 휴가를 내보도록 할게."라며 아내의 손을 잡았다.

다음 날, 회사로 출근한 나는 임원을 찾아가 조심스럽게 휴가사용에 대한 이야기를 꺼냈다. 그러자 임원은 마치 책임과 결과 모두 나에게 달려 있다는 투로 말했다.

"선택은 서 차장 몫입니다. 그날 중요한 회의에 참석할지, 아니면 휴가를 사용할지. 잘 선택하세요."

나는 결국 아내의 수술 날 함께하지 못했다. 만약 아내의 수술 날에 회의가 아닌 휴가를 택했다면 어땠을까? 아내는 홀로 견뎌야 했을 그 두려운 시간을 덜 힘들게 보냈을 것이고, 나는 여전히 문득문득 나를 괴롭히는 죄책감으로부터 좀 더 자유로울 수 있었을 것이다.

지금 돌이켜보면 너무나 아프고 되돌리고픈 기억이지만 당시의 나는 가족보다 일을 택하는 그 삶이 너무나 당연한 것인 줄 알았다. 그만큼 내 삶에서는 언제나 일이 우선이었다. 그때만 하더라도 나는 만에 하나 회사에서 일을 못 하게 되거나 맡은 역할을 감당할 수 없게 된다면, 그것이 곧 인생의 낙오자가 되는 것이라고, 삶이 끝나는 것이나 다름없다고 착각했다.

몇 해 전 보았던 〈송곳〉이라는 드라마의 마지막 장면을 잊을 수가 없다. 임원의 아들 졸업식에 빠지지 않고 참석하느라 자기 아들 졸업식에는 단 한 번도 가지 못했던 정 부장(배우 김희원)이 경찰서에서 나와 아들과 통화하는 장면이었다.

"우리 아들, 졸업식 언제지? 어, 아직 많이 남은 거 알지. 이번에는 아빠가 꼭 가려고. 저번 중학교 졸업식 날 못 갔잖아."

울음을 터뜨리는 그를 보며 나 역시 솟아오르는 눈물을 평평 쏟았다. 정 부장의 모습에서 나를 보았기 때문이다. 이런 삶은 비단 드라마 속에서만 존재하는 이야기가 아니다. 이제 중년의 나이가 되어버린, 치열하게 살아온 우리 세대의 대부분이 겪는 현실이다. 물론 그 치열했던 삶이 틀렸다는 말은 아니다. 하지만 과연 그것이 늘 정답이었고 옳은 삶이었다고 단언할 수 있을까? 나는 그러지 못할 것 같다. 나 역시 누구보다 회사를 위해 나를 불태우며 일했던 만큼 일에 대한 성취는 있었지만 그 순간이 아니면 다시는 맛볼 수 없는, 작지만 소중한 것들 역시 전부 놓치고 살아왔음을 뒤늦게 깨달았기 때문이다.

나는 글자 그대로 회사에서 사는 사람이었다. 매일 밤 야근은 물론이고 주말에도 회사에 나가 일했다. 그 결과 두 번의 모범사원상과 지식경제부 장관상을 받을 수 있었고, 그렇게 스스로에게 '나는 대한민국 굴지의 대기업에서 승승장구하고 있어.'라고 말하며 힘든 순간들을 견뎌냈다. 그러나 언제나 그렇듯 인생에는 변수가 찾아온다. 열심히만 하면 될 줄 알았던 내 직장생활 역시 그랬다.

그 일은 어느 날, 너무나도 갑작스럽게 찾아왔다. 언제까지고 내

자리를 지켜주겠다던 임원이 갑자기 회사를 떠나고, 나와 팀원들은 새로운 부서에 재배치되는 일이 벌어진 것이다! 그 임원 하나만을 믿고 맡은 자리에서 커리어를 훌륭히 관리해왔던 나였기에, 조그만 더 참고 기다리면 무언가 될 것이라 굳게 믿고 있었던 나였기에 더욱 청천벽력 같은 사건이었다. 능력 있는 임원 밑에서 그 끈만 잘 잡고 있으면 될 줄 알았는데 그 끈이 끊어진 것도 모자라 밟고 있던 땅까지 뒤집혀버린 것이다. 회사생활은 끈이 전부가 아니라는 것을, 나혼자만 열심히 잘한다고 해서 승승장구할 수 있는 게 아니라는 사실을 뼈저리게 실감한 순간이었다. 그렇게 나는 그동안 의지하며 지내왔던 전부를 잃고 새로운 부서에 배치되어 생존을 위한 고군분투를 시작해야 했다. 그리고 그렇게 하루하루를 견뎌내던 어느 날, 나는 거울 속에 비친 나를 보고 처음으로 질문을 던졌다.

야, 서성현. 너, 지금 행복하냐?
나 지금 왜 이러고 있는 거야? 이게 맞아? 나 지금 행복한가?
사랑하는 사람이 겪는 아픔조차 같이 해주지 못하는……
이게 행복한 삶이라고?

신입사원 시절부터 성공이라는 목표 하나만을 보며 달려온 내 모습들이 주마등처럼 스쳐 지나갔다. 그리고 그 끝에서 내가 마주하게 된 감정은 바로 허무함이었다. 그랬다. 나는 더 이상 이렇게 살고 싶지 않다는 생각을 하게 된 것이다. 그리고 외면하던 진심을 마주하게 되자 미친 듯이 심장이 요동치기 시작했다. '부장 서성현'이 아닌 '인간 서성현'의 심장이 제대로 뛰기 시작하는 순간이었다.

그때의 내 꿈,
지금의 내 꿈

얼마 전, 팀에 새로 합류한 신입사원에게 업무를 설명하기 위해 함께 모니터 앞에 앉았던 나는 설명을 하다 피식 웃음이 나왔다. 설명을 듣는 신입사원이 초롱초롱 눈을 빛내며 한 마디도 놓치지 않으려는 듯 깨알처럼 내 모든 말들을 적고 있었던 것이다. "어떤 일이든 다 해낼 수 있습니다!"라고 외치는 듯한 그의 열정적인 눈을 보고 있자니 마치 신입 시절의 내 모습을 보는 것 같아 웃음이 터진 것이리라.

20년도 더 지난 일이다. 기다리고 기다리던 첫 출근 날, 나는 '이렇게 큰 회사에 내가 당당히 출입할 수 있다니!'라는 감격으로 가득 차 있었다. 명함에 회사의 로고와 함께 당당히 적혀 있는 내 이름을 보며 얼마나 뿌듯했던지…… 입사를 축하해주는 선배들에게도 진심으로 감사 인사를 했더랬다. 하지만 감격도 잠시, 신입사원 시절의 내 직장생활은 좌불안석의 연속이었다. 나는 선배들에게 작은 흠 하나라도 잡히지 않기 위해, 아주 사소한 업무적 실수도 하지 않기 위해, 그리고 가르쳐 주는 것들을 하나라도 더 배우기 위해 눈에 불을 켠 채로 직장을 다녔다. 하지만 이제는 한 번쯤 그때의 내게 묻고 싶은 질문이 있다. 그건 바로 "어이, 신입사원 서성현. 네 꿈은 뭐냐?"라는 질문이다.

신입사원이었을 때 내 꿈은 무엇이었을까? 당시 나는 열심히 공부한 끝에 대기업에 입사했으니 이왕이면 고위 임원도 되고 큰 업적도 남기자는 야망을 갖고 있었다. 그래, 그게 '신입사원 서성현'의 원대한 꿈이었다. 하지만 임원직이란 결코 아무나 할 수 있는 것이 아니다. 그때의 나는 이를 잘 알고 있었다. 그래서 아마도 더 회사를 위해 몸을 불사르며 열정적으로 삶을 쏟아부었던 것이리라.

자존심 상하는 일의 연속……, 짜증나는 순간의 연속……, 자연스러운 주말의 반납……. 마치 내 하루하루를 전부 회사에 저당 잡히고 사는 기분이었지만 당시의 나는 당연히 내 꿈을 위해 이 정도 희생은 감당해야 한다는 각오로 충만한 사원이었다. 그러나 여기에는 큰 함정이 있었다. 그건 바로 '은퇴 후의 삶'에 대해서는 전혀 생각해 보지 못하며 삶을 살아가고 있었다는 것이다.

당시의 내 삶과 꿈에 '은퇴 후의 미래'는 포함되어 있지 않았다.

그랬다. 회사를 뺀 내게는 어떤 꿈도 계획도 없었던 것이다. 물론 신입사원 시절부터 은퇴 이후의 삶을 생각한다는 것은 흔치 않은 일이다. 어느 누가 회사에 입사하자마자 '아, 은퇴 후에는 어떻게 살아야 할까?' 하고 생각하겠는가? 요즘 친구들은 어떨지 모르겠으나 내 또래에서는 아마 전무한 경우일 것이다. 하지만 회사에서 일하는 시간이 길어지면 길어질수록 깨닫게 되는, 부정할 수 없는 분명한 한 가지는 결코 회사가 내 삶의 전부가 될 수 없다는 사실이다.

직장인들에게는 '내 삶'이 포함된 장기적인 꿈이 필요하다. 이미 10~20년 정도 직장생활을 해온 내 또래라면 더더욱 그렇다. 그래서 나는 신입 시절과는 전혀 다른 꿈과 계획을 갖고 내 인생을 걸어가고 있다. 나는 지금의 내 꿈에 대해 분명하고도 당당하게 이야기할 수 있다. 나는 멋지게 정년까지 일하다 명예롭게 은퇴하고 싶다. 그리고 그렇게 은퇴한 뒤에는 가족과 나를 위해, 그리고 또 다른 사람들을 위해 선한 영향력을 끼치는 삶을 살고 싶다. 그것이 내가 생각하는, 즐거운 내 미래의 꿈이다. 이런 꿈은 신입사원이었을 때의 나를 생각해보면 정말 상상도 못 할 일이다. 그렇다면 나는 어째서 이렇게 다른 꿈을 꾸게 된 걸까? 회사를 위해 목숨까지 바칠 수 있었던 20대의 나는 어떻게 이렇게 나를 위한 꿈으로 인생의 계획을 바꾸게 된 걸까?

내가 새롭게 인생의 방향을 설정하고 꿈을 꾸게 된 이유는 바로 앞에서 이야기했던 내 질문 때문이었다. 나는 거울 속의 내게 처음으로 '너는 지금 행복한 삶을 살고 있냐?'라는 질문을 던짐으로써 이제까지의 내 삶을 제대로 돌아볼 수 있었다. 그리고 그렇게 지난 시간을 되돌아봄으로써 나는 결코 일이 내 인생의 전부가 될 수 없다는 사실을, 나 자신을 잃어버리고서는 결코 행복한 내 인생과 가족을 지킬 수 없음을 뼈저리게 깨달았다.

회사를 위해 온몸을 불사르던 나는 그렇게 '나 없이는 내 삶도 없다'는 사실을 깨달았고, 개인적으로 하고 싶었던 일들을 하나씩 내 삶에서 이루어나가기로 삶의 방향과 꿈을 수정했다. 그렇게 내 인생 목표를 새로이 설정하게 된 것이다. 그렇게 나는, 진짜 나를 위한 꿈을 향해 이중생활을 시작하게 되었다.

생각을 바꾸면
보이는 것들

매주 수요일 저녁에는 다른 약속을 잡지 않는다. 이날은 초등학생 막내아들과 함께하는 드럼 수업이 있기 때문이다. 악기라고는 교회 오빠의 필수 아이템인 기타를 어깨너머로 배운 것 외엔 손에 잡아본 적도 별로 없다. 그런 내가 드럼에 푹 빠졌다. 가끔 피곤해 농땡이를 치고 싶은 날조차 막내아들 손에 이끌려 수업을 받고 나올 때면, 초등학생처럼 신나게 드럼 이야기를 늘어놓곤 한다.

그리고 주말이 되면 가족과 함께 양평 아지트로 향한다. 아이들에게 이곳은 공부로부터 해방을 선물해주는 곳, 우리 부부에겐 이런저런 일상 속 스트레스로부터 벗어나게 해주는 그런 공간이다. 노래를 좋아하는 둘째 딸은 이곳에 설치해둔 노래방 시설에 전세를 놓고 블랙핑크 노래를 3시간째 부르고 나서야 마이크를 놓곤 한다. 나는 여기에서만큼은 바비큐를 잘하는 요섹남요리를 잘하는 섹시한 남자이 된다. 우리에게 이곳은 '즐거운 휴가休家'다. '휴가休假'를 보내듯 즐거운 쉼을 주는 집이라는 뜻에서다.

주중에 드럼을 배우고, 주말에 아지트에서 시간을 보내는 이 이야기는 돈 많고 시간 많은 어느 자산가의 얘기가 아니다. 20년 이상 대기업에서 최선을 다해 살아온, 어쩌면 가장 평범한, 누구나의 집에나 있는 그런 아빠이자 남편. 직장인 서 부장의 이야기다.

처음부터 이런 삶을 추구했거나 이런 삶을 살았던 사람은 아니었다. 오히려 나는 일 중독자에 가까웠다. 일만이 인생을 즐기는 유일한 통로이며, 다른 것보다 일을 열심히 할 때 더 힘이 나고 즐거웠다.

그런 나에게 어느 날 위기가 찾아왔다. '내가 지금 뭘 하고 있지?' '무엇을 위해 이렇게 달리고 있지?' 그동안 성과만 바라보며 외면해왔던 스트레스가 폭발했다. 감당하기 어려울 만큼의 대내외적인 압박감이 더해지자 그제야 깊은 내면의 소리가 들리기 시작한 것이다.

회사와 가족을 위해 최선을 다하는 것. 그것이 인생의 즐거움이라는 생각으로 살아왔다. 그런데 정신을 차리고 보니 그 속에 '나 자신'은 없었다. 에너지 넘치는 부장, 흔들림 없이 가족을 지키는 강한 모습의 아빠, 그게 진짜 나인 줄 알았다. 그러나 진짜 나는 저 멀리 한구석에서 쓸쓸하게 지친 모습으로 앉아 있었다. 그는 '내가 해야 할 역할'을 '나의 본질'로 착각하며 살아온 것이다. 그 역할은 분명 가치가 있지만, 그것이 '나'의 전부는 아니었다. 이제라도 나를 찾고 싶었다. 그동안 세심하게 돌보지 못한 나를 위해 즐거움을 주고 쉼을 주며 살고 싶어졌다. 나를 발견하고 내 인생을 즐긴다는 것은 '일과 가족을 뒤로하고 오직 나만을 위해 이기적으로 살겠다.'라는 의미가 아니다. 지금껏 회사와 가족을 위해 최선을 다한 만큼 나를 위해서도 최선을 다할 기회를 누리라는 뜻이다. 정말 최선을 다해왔다면 그래야 할 이유와 자격은 충분하다.

어느 날 문득 일도 삶도 재미없다고 여겨졌던 나처럼, 인생이 재미가 없다면 지금 하던 일을 멈추고 잠시 눈을 감아보자. 이 짧은 순간 포즈pause 버튼을 누른다고 큰일 나지 않는다. 눈을 감은 채 '내 역할'들은 잠시 잊고 내가 진짜 좋아하는 것을 떠올려보자. 떠올렸다면 이제 그것을 즐기고 있는 내 모습을 상상해보자. 그런 내 모습을 현실로 만들기 위해 지금 당장 할 수 있는 작은 것부터 실행해 옮겨보자.

내 역할이 아닌 진짜 내가 누구인가 하는 질문을 해보길 권한다. 나는 무엇을 좋아하고, 나는 무엇을 하고 싶고, 어떤 삶을 살아가고 싶은지 진지하게 나 자신과의 대화가 필요하다.

나는 10년 만에 처음으로 혼자 영화를 한 편 보고 귀가하는 것으로 시작했고, 그다음은 잊고 있던 취미를 하나씩 끄집어내어 보기 시작했고, 지금은 주말 별장에서 시간을 보내고 글쓰기에 도전하고 있다. 그런 내 인생이 어떠냐고? 적어도 지금은 '역할'이 아닌 '나 자신'의 삶을 산다고 느낀다.

우리는 조금씩 실수하고, 실패하더라도 다시 일어나서 열심히 자기 삶을 꾸려가는 모습을 보기 원한다. 나처럼 어느 날 문득 구석에서 쓸쓸하게 찌그러져 있는 나를 발견하기를 바라지 않는다. 이제는 '내'가 중심이 되는 인생을 누릴 차례다. 잠시 눈을 감고, 생각을 바꿔보자. 이 짧은 순간이 우리를 행복한 삶으로 안내해줄 것이다.

이중생활은
지금껏 치열하게 달려온
당신만을 위한 선물이다

압박감 높은 보고서 작성에 숨 막히는 회의 참석, 거기에 선배 비위 맞추고 후배 눈치까지 보아야 하는 회사생활로 지친 몸을 이끌고 집에 돌아오면 기다리던 가족들이 나를 반긴다. 내가 집에 돌아오기만을 기다려주는 사람들…… 가족이 있다는 것은 행복하고 감사한 일이다. 하지만 여기에는 한 가지 문제가 있다. 이 행복이 매우 복잡 미묘한 행복이라는 것이다.

퇴근 후 집에 돌아온 내게는 새로운 업무가 주어진다. 일명 '독박육아 교대근무'가 그것이다. 나보다 늦게 퇴근하는 아내 대신 집에 계시던 장모님은 내 퇴근과 동시에 독박육아로부터 퇴근하신다. 그리고 나는 새롭게 집으로 '출근'한 상황이 되어 독박육아의 바통을 이어받는다. 참으로 복잡 미묘한 행복이지 않은가.

우리 집의 이러한 '출근 → 퇴근 → 새로운 출근'이라는 루틴은 막내가 앞가림하게 될 때까지 지속되었고, 나는 이 짧지 않은 시간을 겪으며 육아의 ㅇ자도 몰랐던 내가 숙달된 솜씨로 똥기저귀를 갈고 있는 것에 놀라는 등 매우 다양한 감정과 사건들을 체험할 수 있었다. '참 놀라운 일이야. 누가 가르쳐주지도 않았는데…… 상상도 못 했던 일인데.' 하고 혼자 중얼거리면서 말이다.

아마 나뿐만이 아닌 내 또래 대부분 가장들이 이런 경험을 했을 것이다. 우리 세대의 남자들은 치열하게 회사에서 일한 뒤 집에 돌아오면 자상한 아빠 모드로 빠르게 전환해야 했기 때문이다. 회사와 집, 서로 다른 두 장소에서 각기 다른 역할을 감당해야 하는 우리에게는 이러한 삶이 너무나 당연하게 여겨졌다. 그러나 당연하게도 이는 우리 남자들을 지치게 만든다.

무엇보다 우리를 구석탱이로 찌그러지게 만드는 것은 바로 채워지지 않는 인정욕구다. 작은 칭찬 하나, 인정받는 말 한마디를 원하는 우리의 욕구는 회사에서나 집에서나 채워지지 않는다. 우리의 '인정받고자 하는 욕구'는 무참히 짓밟히고, 욕을 먹으면서도 해야 하는 일만 산더미 같으니 어떻게 찌그러지지 않겠는가? 나 역시 대기업 부장이 되기까지의 긴 시간 동안 세 아이의 아빠라는 역할 역시 병행했기에 누구보다 이러한 고충을 잘 알고 있다. 그러니 혹시 '나만 왜 이렇게 힘들어하는 것 같지? 다른 사람들은 다 잘하는 것 같은

데.'라는 자책감이 든다면 그럴 것 없다. 당연히 들 수 있는 생각이니까. 우리 세대, 즉 어쩌다 중년들은 물론이고 다른 세대의 가장들 모두 '직장인'과 '아빠'라는 두 개의 역할 사이에서 힘겨운 하루하루를 보내고 있는 게 사실이니까. '나만 힘든 건가?'라는 생각은 당신만 하는 것이 아니다. 그러니 부끄러워하지 말고 내가 건네는 응원과 박수를 받길 바란다. 그리고 이와 더불어, 나는 주어진 역할에 최선을 다해온 그대들에게 나의 이중생활을 권해보고자 한다.

물론 당신은 지금 하고 있는 일에 충분히 만족하고 있을지 모른다. 또 큰 문제없이 그런대로 즐거운 삶을 살고 있을지도 모른다. 그래서 나의 이 '이중생활'이라는 이름의 제안이 별로 반갑지 않을지도 모른다. 하지만 일단 내가 제안하는 이중생활이 무엇인지 한번 들어보기를 바란다. 나는 좀 더 만족스러운 삶을 위해, 지금보다 더 나답게 삶을 즐기며 살기 위해 이중생활을 시작했다. 지금 내가 이야기하는 이중생활은 회사 일을 때려치우고 딴짓하는 것을 의미하는 게 아니다. 그건 이중생활이 아니라 그냥 외도外道다. 내가 말하는 이중생활이란 일과 개인적인 삶의 목표를 밸런스 있게 추구해나가는 생활을 의미한다. 어느 날 나 스스로 물었던 '행복한 삶'에 대한 질문으로 시작한 나의 이중생활이 가진 진정한 의미는, 내가 지금하고 있는 일에 최선을 다하면서도 동시에 은퇴 후의 삶을 준비하는 모든 과정과 그 과정에서 일어나는 작은 성취들을 말하는 것이다.

이중생활을 시작하면서 나는 먼저 궁극의 이중생활을 위해 '나만의 아지트'를 짓기로 결심했다. 나는 아지트를 짓기 위해 어디에 땅을 사고 어떻게 돈을 마련할지에 대한 계획을 세웠고, 틈틈이 정보를 수집하며 자금을 모은 끝에 좋은 땅을 살 수 있었다. 그렇게 4년이라는 시간이 흐른 뒤, 내가 '즐거운 휴가'라 명명한 아지트 건축의 첫 삽을 뜰 수 있게 되었던 것이다.

현재 나의 아지트 '즐거운 휴가'에 방문했던 사람들이 선후배를 가리지 않고 이중생활을 시작해야겠다는 마음을 안은 채 돌아가는 것을 직접 보고 있다. 말로만 들었을 때는 "에이, 그게 뭐야?"라고 비웃던 그들도 나의 이중생활을 직접 보고 느낀 후에는 깊이 공감하며 부러움과 꿈을 품고 돌아갔다. "서부장, 땅은 어떤 곳으로 알아보는 게 좋아?" "선배님, 자금은 어떻게 모으셨어요?"와 같은 그들의 질문 공세를 받고 있자면 마치 내가 이중생활 전도사가 된 듯한 기분이 들어 아주 짜릿함과 흡족함을 느낀다.

대부분의 사람이 현재에 집중하느라 미래를 막연하게 설계하고는 한다. 나 역시 그랬다. 그저 "이 또한 지나가리라."라는 말로 나 자신을 다독이며, '언젠가 모든 것을 다 이루고, 돈도 많이 벌고 사회적으로도 한자리하게 되면 그때 인생을 즐겨야지.' 하고 생각했더랬다. 그러나 지금의 나는 적극적으로 주변에 이중생활을 권하며 말한다. 인생을 즐기는 건 모든 것을 다 끝내고, 돈도 다 마련해놓고, 생활도 안정되고, 애들도 다 키워놓고 할 수 있는 게 아니라고. 지금부터 준비하고 시작해서 그 모든 과정을 은퇴 이후까지 계속해서 즐기는 것이 진짜 인생을 즐기는 거라고 말이다. 그래서 나는 무엇보다 이중생활을 시작함에 있어 '즐겁게' 시작할 것을 강조한다.

처음 시작하는 이중생활이 익숙지 않아 어색할 것 같은가? 즐겁게 시작할 수 없을 것 같은가? 그렇다면 이 책에서 소개하는 내용에 따라 아주 작은 것들, 소소한 것들부터 조금씩 실행에 옮겨보자. 어느 순간 이중생활을 신나게 즐기고 있는 자신을 발견할 수 있을 것이다. 자, 그렇다면 이제 내가 누리고 있는 이중생활로의 여행을 시작해보도록 하자.

완벽한 이중생활을 위한
목표 잡기

진짜 나를 발견한 이후 가장 먼저 한 일은 일과 삶의 균형 잡힌 목표를 세우고 어떻게 그 목표를 달성할 수 있을지에 대해 고민하는 것이었다. 아이러니한 사실은 내가 회사에서 하는 주요 업무가 회사의 미래를 고민하고, 전략과 목표를 수립하는 것이란 사실이었다. 나는 회사의 미래와 목표에는 열과 성을 다하고 있으면서 막상 내 미래와 목표는 막연하고 어렴풋하게 방치하고 있었던 것이다.

나는 회사에서 익힌 내 업무적인 역량을 내 삶에 활용하기로 했다. 우선 일과 삶의 목표를 세웠다. 회사에서의 은퇴를 기준으로 잡고 거꾸로 계산하여 10년 간격으로 로드맵을 그렸고, 그 안에 성취하고 싶은 목표를 정확하게 설정했다. 그리고 이를 조금씩이지만 실행에 옮겨나갔다. 이 과정에서 내가 깨달은 것은 바로 점검의 중요성이었다. 완벽한 이중생활을 위해서는 중간마다 점검하는 과정이 매우 중요했다. 그 점검이라 함은 일명 체크리스트라 할 수 있는 아래의 질문들이다.

- 개인의 삶은 없이 너무 일에만 치우쳐 있지는 않은가?
- 회사 일을 소홀히 하고 내 개인의 삶만을 위해 살고 있지는 않은가?
- 내 개인의 삶의 목표는 잘 성취되어 가고 있는가?

아래의 이미지는 이 이중생활을 시작하던 당시의 내가 고민하며 그렸던 로드맵과 목표이다. 책에 맞춰 주요 내용을 중심으로 수정했으며, 이중생활을 시작하고 싶은 사람들에게 도움이 됐으면 하는 바람으로 공유한다. 로드맵 그리기와 목표 세우기의 상세 방법은 뒤에서 따로 소개하고자 한다.

나의 로드맵 그리기

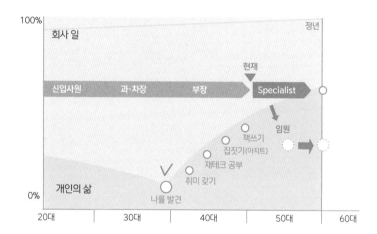

회사 일

정년 전까지 승진 or 부장/Specialist

① 10년 내 임원 승진

　회사일 vs. 개인의 삶 사이에서 최적 밸런스 유지

② 부장/Specialist

　후배들에게 내가 가진 지식을 전수하며, 부끄럽지 않게 은퇴

개인의 삶

취미 : 1년에 1취미 정복

자산 : 소득의 Pipe Line 구축

아지트 : 지적 대화의 기회 확대

책 쓰기 : 삶의 경험 공유 확대

직장인이라면 누구나 한 번쯤 회사 내에서 어떤 경력으로 나아갈지 선택의 고민을 하는 순간이 있다. 나 역시 입사 5년 차쯤 됐을 때, 내 경력을 결정해야 하는 순간이 있었다.

수년 전의 일이다. 회사는 대규모 공장건설을 추진하면서 많은 엔지니어를 필요로 했다. 그리고 그때, 내게 공장건설 프로젝트 담당 임원과 생산본부의 다른 공장 임원으로부터 프로젝트 참여 제안이 왔다. 당시에 프로젝트 참여 제안을 받는다는 것은 엔지니어로서의 능력 등 기본자질은 갖춘 것으로 인식된 것이니만큼 대단한 영광이 아닐 수 없었다. 그러나 나는 그분들의 제안을 정중히 거절했다. 그러자 임원들은 "서 대리 재미없게 컴퓨터 앞에서 보고서나 만들고 있을 거야?" "이렇게 공장 짓는 걸 함께해보는 건 세계적으로도 다시 없을 기회야." 하고 말하며 나를 재차 설득했다. 하지만 나는 다시 정중하게 그들의 제안을 거절했다. 수조 원의 자본이 투입되는 공장건설 프로젝트는 쉽게 경험할 수 없는 기회인 것이 분명했다. 하지만 문제는 그들의 제안이 내 꿈과는 다른 방향이었다는 것에 있었다. 나는 개인이 할 수 없는 사업의 경험, 즉 큰 대기업에서만 가능한 대규모 사업의 런칭과 운영을 직간접적으로 체험해보고 싶었다. 그렇게 나는 공장건설 프로젝트를 거절하고 본격적으로 사업전략/기획, 신사업개발의 세계로 뛰어들었다. 그 길이 바로 내가 선택하고 그렸던 로드맵과 목표에 부합하는 길이었기 때문이다.

나의 목표 세우기

회사 일과 개인 삶의 최적의 밸런스

회사 생활의 목표		개인 삶의 목표	
보유 경험 및 성취한 것		**경험한 것과 진행 중인 것**	
직무 경험	• 연구직(연료전지 개발) • 전략/기획, 신사업개발 　- 연구기획, 사업기획, 사업전략 　- 프로젝트 기획/운영(스마트그리드, 　 6시그마 등) 　- 연료전지, LiB 소재/부품 　- M&A, 자회사 관리/운영	취미	• 혼자 할 수 있는 것 : 영화보기 • 좀 멋있어 보이는 것 　- 드럼, 요리, 책쓰기 등 • 지속할 수 있는 것 　- 책 읽기, 외국어, 운동 등
		재테크	• 부동산, 금융 관련 공부 　- 블로그, 유튜브, 강의 듣기 등
보유 역량	• 전략적, 분석적 마인드 • 커뮤니케이션(주요 보고서 등) • 사내 N/W	집짓기	• 집짓기(아지트 만들기) 　- 공부 : 인터넷 카페, 전람회 방문 　- 실행 : 좋은 땅/설계/시공사 찾기
현직위	• 부장(직무 관련 Specialist)	책쓰기	• 혼자 책쓰기, 책쓰기 수업 듣기
내 노력으로 가능한 목표(3년 내)		**이루고 싶은 목표(3년 내)**	
역량	• 언어(중국어, 일본어) 　- 현지인 대화 가능 수준 　- 일반 컨텐츠 이해 가능 수준	취미	• 전문적인 취미 　- 일식, 커피 자격증 취득 　- 드론, 술빚기, 유튜브 등
내 노력 + 운칠기삼이 필요한 목표		**이루고 싶은 목표(5년 내)**	
직위	• 임원 승진	나만의 브랜드	• 업무적으로 존경 받는 선배 • 일과 삶의 이중생활 롤모델 • 소소한 작가(최소 책 2권 출간)
		내 노력 + 운칠기삼이 필요한 목표	
		자산	• 소득의 Pipe Line 구축

나는 스스로 선택하고 그렸던 로드맵과 목표를 따라 열심히 달려왔고, 그 목표와 비슷하게 잘 살아오고 있다. 그리고 현재 내 로드맵과 목표는 더욱 확장되어 이중생활을 하는 나에게 은퇴 이후의 삶을 위한 훌륭한 툴로 활용되고 있다. 나만의 로드맵과 목표를 세우고 수시로 업데이트하기! 완벽한 이중생활을 위한 첫걸음이다.

Part 2

이중생활을 위해
필요한 것들

혼자 있을 때라도 늘 남 앞에 있는 것처럼 생활하자.
마음의 모든 구석구석이 남의 눈에 비치더라도 두
려울 것이 없도록 사색하고 행동하자. 진실의 힘은
오래 지속된다. 진실은 사람이 소유하고 있는 재산
중 최고의 것이다. 진실은 진실한 행위를 통해서만
남에게 전달된다. 진실은 인생의 극치이다.

이중생활을 위해
필요한 3가지

어느 날, 나의 이중생활을 부러워하던 선배가 심각하게 상담 아닌 상담을 요청했다. 이야기인즉 본인도 이중생활을 시작하고 싶은데 막상 뭘 어떻게 시작해야 할지 모르겠다는 얘기였다. 선배의 이야기를 들은 나는 그에게 이중생활에 필요한 3가지 조건을 차례차례 얘기해주었다.

첫 번째 조건은 용기다.

나는 이것을 '즐거워질 용기'라 부른다. 많은 이들이 나처럼 이중생활을 즐기는 사람들을 부러워하면서도 이 세계에 발을 들일 용기를 내지 못해 그저 바라만 보고는 한다. 혹시 용기라는 단어 자체가 부담스러운가? 뭐 그렇게까지 해야 하나 싶은 생각이 드는가? 미리 이야기해두자면 지금 내가 말하는 '즐거워질 용기'는 당신이 생각하는 것만큼 대단한 용기가 필요한 일이 아니다.

'즐거워질 용기'와 비슷한 것을 예로 들어보자면 대학생 시절에 소개팅이나 미팅에 나가 마음에 드는 이성에게 애프터를 신청하는 정도가 아마 비슷한 수준의 용기일 것이다. 아, 혹시 너무 오래전 일이라 잘 떠오르질 않는가? 그렇다면 이런 예는 어떨까? 회사 워크숍에서 잘 준비된 내용을 발표하는 용기, 발표하겠다고 손을 한번 들어보는 정도의 용기면 충분하다. 어떤가, 감이 좀 오는가? '즐거워질 용기'란 말 그대로 당신에게 주어질 즐거움을 쟁취하기 위한 용기인 것이다.

나의 경우 이중생활을 시작하면서 가장 먼저 시도한 '즐거워질 용기'는 바로 '평소보다 일찍 퇴근하기'였다. 바쁜 일이 없는 어느 날, 오후 6시 30분쯤……. 퇴근 시간은 이미 30분이나 지났지만 사무실은 아무도 퇴근할 생각이 없는 것처럼 적막했다. 나는 이때 용기를 냈다. 무거운 분위기를 깨고 "저 먼저 가겠습니다!"를 외치며 당당히 사무실 출입문으로 걸어간 것이다! 그러나 당당하게 걸어가는 것과 달리 머릿속에서는 온갖 생각들이 스쳐 지나가고 있었다. 마치 내 뒤통수를 향해서 "무슨 급한 일이 있나 보네." "오늘만 저러는 거겠지." 등등의 소리와 레이저 같은 눈빛들이 쏟아지고 있는 것 같았기 때문이다. 뜨거운 뒤통수를 애써 무시하며 사무실 밖으로 나간 나는 얼른 뒤로 돌아 슬그머니 사무실 안을 엿보았다. 누가 그토록 내 뒤통수에 레이저를 쏘고 있는지 확인하고 싶었다. 그리고 나는 생각지도 못한 상황에 오히려 당황스러움을 느꼈다. 다들 모니터만 뚫어지게 쳐다볼 뿐 나와 눈을 마주치는 사람은 단 한 명도 없는 게 아닌가?! 참으로 머쓱한 순간이었다. 그토록 나를 괴롭히던 다른 이들의 시선은 내 망상이었던 것이다. 머쓱하게 사무실로부터 몸을 돌린 나는 '즐거워질 용기'를 시작한 나 자신을 칭찬하며 새로운 목표를 향해 발걸음을 옮겼다. 그렇게 나는 그날, 태어나 처음으로 혼영혼자 영화 보기을 성공적으로 달성할 수 있었다.

나는 다음 날도, 그다음 날도, 그 후로도 1주일, 2주일을 지속적으로 일찍 퇴근하기에 도전했다. 그리고 팀원들은 그런 내게 어떤 불만이나 싫은 티를 내지 않았다. 그랬다. 사실 그들은 내가 그러거나 말거나 아무 관심이 없었던 것이다! 나는 이 경험을 통해 이제까지 습관적으로 해왔거나 무의식적으로 생각하던 것 중 얼마나 무의미한 것들이 많았는지, 또 '즐거워질 용기'로 인해 얼마나 자유로워질 수 있는 것들이 많은지를 확신할 수 있게 되었다. 관습적으로 행해오던 것들이 한번 바꿔보면 사실은 별것도 아니었다는 사실을 깨닫게 된 것이다. 그러니 다른 사람들의 시선은 잠시 접어두고 내게 주어질 즐거움만을 생각해보자. 그 누구도 내게 뭐라 하지 않는다. 아니, 그들은 내가 그러거나 말거나 아무런 관심이 없다. 이게 팩트다. 그러니 한번 발을 뻗어보자. 이중생활을 위해 필요한 첫 번째 조건인 '즐거워질 용기'가 당신의 삶에 새로운 자유를 안겨줄 테니까.

두 번째 조건은 변화에 대한 적응력이다.

예전에는 회사에서 퇴근하고 집에 돌아오면 하루가 끝났다는 생각과 함께 머릿속에서도 컴퓨터 종료음이 들리는 것 같았다. 말 그대로 몸도 마음도 완전히 방전되어 아무것도 하고 싶지 않은 상태가 되었던 것이다. 그렇게 퇴근을 하고 나면 잠시 집에 머물렀다가 다시 출근하고, 다시 퇴근해 집에 잠시 머물렀다가 출근하는 '회사-집-끝!-다음 날 시작'의 무한반복이 내 삶을 지배했다. 그러나 이 패턴은 내가 이중생활을 시작하면서 바뀌게 되었다. 회사에서 퇴근하고 집에 오면 그때부터 새로운 생활이 시작됐다. 이중생활을 시작한 이후부터 집에 돌아온 이후의 시간은 본격적으로 내 삶을 시작하기 위해 준비해야 할 것들에 몰입하는 시간이 되었다. 이중생활을 하는 사람이라면 알겠지만 내 삶을 위해 준비할 것들의 수는 상상을 초월할 정도로 많다. 그리고 이것들을 하나하나 성취해나가는 것이 말로 다 못할 정도로 즐겁고 기쁘다. 바로 이 부분이 이중생활의 가장 행복한 포인트다. 나의 경우에는 이제까지 마음속에만 품었던 취미를 시작하거나, 집짓기를 계획하고 실행하기, 또 재테크 공부하기와 운동하기, 그리고 가족들과 함께 시간을 보내기에 본격적으로 시간을 할애하기 시작했다. 대체 왜 이런 삶을 모르고 살았을까 하는 생각이 들 정도로 삶에서 즐거움을 느꼈다. 집에만 오면 방전되는 것 같았던 이전의 삶은 집에 오면 그때부터 새롭게 나만의 삶을 즐기는 패턴으로 완전히 변화되었다. 즉, '회사-집-새로운 시작!-즐겁게 다음 날 시작'의 무한반복으로 완전히 환골탈태한 것이다.

이러한 삶의 패턴 변화는 우리가 '즐거워질 용기'를 실천하면 자연스럽게 따라오는 결과물이다. 문제는 이 변화를 처음 접했을 때 당황스러울 수 있다는 것이다. 예를 들면 즐거워질 용기를 내어 퇴근해서 일찍 집에 왔는데 막상 뭘 해야 할지 몰라서 TV나 보다가 잠들었다고 하자. 이는 '즐거워질 용기'를 사용한 보람이 없는 결과이다. 이중생활은 내 삶을 본격적으로 준비해나가며 즐긴다는 것에 그 의의가 있다. 그렇지 못할 경우에는 앞선 상황처럼 그저 '일찍 퇴근만 한 날'이 될 뿐이다. 이는 내가 전하고자 하는 이중생활과는 전혀 결이 다른 이야기이다. 따라서 '즐거워질 용기'를 내어 변화를 이끌어냈다면, 본격적으로 이중생활을 시작하기 위해 이 변화에 빠르게 적응해야 한다.

세 번째 조건은 부지런함이다.

이중생활의 시작을 위해 '즐거워질 용기'와 '새로운 변화에 적응'할 준비가 끝났다면 부지런해져야 한다. 부지런함이야말로 이중생활의 진짜 시작이라고 해도 과언이 아니기 때문이다.

한번 생각해보자. 우리가 회사생활을 할 때 얼마나 치열하게 노력했는가? 회사를 위해서는 그토록 열과 성을 다했으면서 막상 개인의 삶을 추구하기 위해 뭔가 해보려 하면 소심해지는 사람이 한둘이 아니다. "이거, 진짜 내가 다 할 수 있나?" 하고 소심해지기도 하고 "이렇게까지 해야 하나?" 하며 귀찮아지기도 한다. 다른 누구도 아닌 나 자신의 삶을 추구하기 위해 뭘 좀 해보려는데 머릿속에서 '피곤하고 귀찮으니 나중에 하자.'라는 소리가 들려오는 것이다. 그러나 이 목소리에 속아서는 안 된다.

'지금 당장 할 필요 없어. 나중에 언제든지 할 수 있잖아? 지금은 좀 쉬는 게 좋지 않겠어?'라고 당신의 귓가에 속삭이는 그 목소리는 당신의 이중생활을 질투하는 '게으름뱅이 요정'이 하는 말이다. 그리고 그 속삭임을 이겨낼 수 있는 힘이 바로 부지런함이다.

부지런함은 어느 날 갑자기 짠! 하고 생기는 것이 아니다. 그렇기 때문에 내재화되어야 한다. 큰 근육이 만들어지려면 꾸준한 근력 운동이 필요한 것처럼 부지런함도 꾸준한 노력으로 구축해야 한다. 그리고 경험상 말하건대, 회사생활에서 쏟았던 10%의 노력만으로도 이중생활에 필요한 부지런함은 충분히 얻을 수 있다. 예를 들면 나는 집짓기를 실현하기 위해 부지런히 노력했다. 인터넷 카페에 가입해 늦은 시간까지 정보를 찾아보고, 책을 찾아 읽고, 하우징페어를 찾아다녔다. 나의 '즐거운 휴가'는 내가 부지런히 노력했기에 이루어낸 결과물인 것이다. 그리고 나는 이 집짓기를 성공적으로 실현함으로써 완벽하게 부지런함이라는 이름의 근육을 내 것으로 만들 수 있게 되었다.

부지런함을 키우기 위해 시도해볼 수 있는 방법은 매우 다양하다. 자기계발서를 참고할 수도 있고 혹은 나처럼 직접 목적을 실현하며 키울 수도 있다. 만약 이 부지런함 만들기가 너무 막연하다면 《미라클 모닝》에서 말하는 '부자들만 아는 6가지 기적의 아침 습관'을 일부라도 실천해보기를 권한다. 나 역시 이 책이 내 부지런함을 키우는 데에 큰 도움이 되었다.

이중생활을 위해 필요한 이 3가지 조건은 이미 나처럼 이중생활을 즐기고 있는 사람들에게는 당연한 것이지만 처음 시작하는 사람들에게는 어렵고 어색한 것일 수 있다. 하지만 이 3가지 조건들이 바탕이 되었을 때 당신은 본격적인 이중생활을 시작할 수 있다. 작지만 꾸준한 용기와 노력이면 충분하다. 그러니 자신을 속이는 소리를 뒤로하고, 한번 멋지게 한 걸음을 내디뎌보자.

잠깐! 이중생활을
가족이 지지하는가

이중생활을 이야기할 때마다 계속 받는 질문이 있다. "그동안 가족들을 위해 네가 희생해왔으니 이제 가족들과 조금 거리를 두고 너의 생활을 즐기겠다는 거냐?" 나의 대답은 분명하다. "이중생활은 가족과의 분리가 아니라 가족과 함께하는 것이다." 사실 왜 이런 질문을 하는지 충분히 이해한다. 앞에서 줄곧 나는 지금까지 왜 이렇게 바쁘게 살아왔을까. 내가 너무 다른 사람만 생각하느라 나 자신을 잃어버린 건 아닐까 후회하고 자책했던 이야기를 해왔다. 이 때문에 이중생활은 이와 반대되는 삶, 즉 나만을 위한 삶을 사는 것이라고 오해받을 만하다.

사실 중년이 되면 '혼자'이고 싶은 시간이 늘어난다. 바쁘게 달려오느라 돌아볼 틈 없었던 나 자신과 문득문득 부딪힐 때마다 가족과 직장동료들의 틈 사이에서 더욱 외로워지기 마련이다. 분명 사람들 속에 섞여 있으면서도 외로움은 커진다. 그래서 퇴근길 혼자 작은 선술집에 앉아 술잔을 기울여보기도 하고, 어디론가 훌쩍 떠나고 싶다, 며칠이라도 쉬면서 내 시간을 가지고 싶다는 생각을 해보기도 한다. 그러나 현실은 그리 녹록지 않다. 외롭고 지치고…… 하지만 다시 용기 내어 하루를 살아내는 시간이 반복된다. 그 사이에서 지금껏 가져보지 못한 더 깊은 고독에 빠져들기도 한다.

하지만 나는 그 시간을 충분히 가져보길 추천한다. 그 고독한 시간을 지나면 내가 누구인지 보이고, 내가 하고 싶은 것이 보이고, 나를 다독여줄 힘도 생겨난다. 그 시간을 지나야만 비로소 하나하나 지금의 나를 만든 것, 나의 선택, 그리고 나의 진짜 모습과 생각들이 보이기 시작한다. 나 역시 그런 과정을 거쳐 여기까지 왔고, 이런 이중생활까지 할 수 있게 되었다. 그러면서 동시에 강하게 밀려든 생각 하나가 있다. 바로 나를 여기까지 달려오게 만든 것은 바로 가족이지 않았나 하는 생각이다. 많은 중년이 '가족'을 지키느라 '나'를 잃어버렸다고 말하지만, 모든 것은 우리의 선택이었다. 아내도 아이들도. 그들을 지키고 함께 행복해지고자 하는 것 또한 내 미래와 꿈을 위한 선택이었을 것이다. 다 함께 행복하기 위해 열심히 달려온 것이지 나 혼자만을 위한 삶이었다면 결코 여기까지 오지 못했을 것이다. 그래서 어쩌면 진짜 고마운 건 바로 나를 떠나지 않고 함께해준, 앞으로도 그럴 우리 가족이 아닌가 생각한다. "어떤 삶이 좋은 삶이고 잘 사는 삶인가?"라는 질문에 있어 가족은 빠질 수 없다. 내가 지금 나 자신을 돌아보고 자아를 찾고 꿈을 찾아 도전한다 해도, 그리하여 성공한다고 해도 가족이 없다면 결코 행복할 것 같지 않다.

일전에 김미경 강사가 했던 말이 떠오른다. 지금 우리를 벼랑 끝으로 몰거나 우리를 힘들게 하거나 우리를 괴롭히는 누군가가 있다면, 그에게 감사하라고. 그가 바로 우리를 살아있게 하고, 우리를 움직이게 하고, 우리가 삶을 포기하지 않게 만들어주는 사람이라고 말이다. 정말 맞는 말이다. 나를 인정해주고, 때때로 싸웠다 화해하는 다이내믹한 삶을 가족과 함께 나눌 때 행복은 극대화된다. 그래서 내 이중생활의 완성은 바로 가족 안에 있을 때인 것 같다. 외로움을 즐길 수 있는 건 돌아갈 집이 있어서이고, 혼자만의 시간이 그리울 수 있는 것도 돌아갈 집이 있어서라고 그러지 않던가. 이 말에 격하게 공감한다. 못다 이룬 꿈에 미련이 남는 것도 열심히 달려온 시간이 있어서이고, 지금이라도 나를 찾을 용기가 생긴 건 그동안 포기하고 인내했던 아픈 시간이 있어서였을 것이다.

모든 건 양면성이 있다. 이중생활을 통해 맛볼 행복은 나를 믿고 지지해주는 가족과 함께할 때 의미가 있고, 더욱 열정적으로 내 삶을 단단하게 지키고자 함으로써 완성되는 것 같다. 혹여 행복한 이중생활을 꿈꾸고 있다면, 절대 가족을 그 플랜에서 빼놓지 말기를.

중년 남성에게 가장 달콤한 건 차근차근 꿈으로 완성해가는 이중생활이며, 가장 힘이 되는 건 모든 순간에 관심을 갖고 지켜보며 때론 지지와 응원을 보내고, 때론 강한 삶의 의지를 갖게 만들어주는 가족이라는 걸 잊지 말자.

이중생활의 묘미는
작은 성취에서 시작된다

최근에 나처럼 이중생활을 시작해보겠다는 몇몇 지인들에게 "이중생활을 시작한다면 뭘 가장 해보고 싶어? 다섯 개 정도만 얘기해봐."라고 질문을 던진 적이 있었다. 답은 다양했다. "승마를 배우고 싶다." "힐링라이프를 구축하고 싶다." "매주 계획성 있는 여행을 하고 싶다." "땅을 사고 집을 짓겠다." 등 이중생활을 시작하는 이들의 버킷리스트는 매우 다양했다. 그리고 나는 여기서 한 가지 공통점을 발견할 수 있었다. 그건 바로 버킷리스트의 대부분이 당장 혹은 최소 며칠 내로는 성취하기 어려운 것들이라는 점이었다.

앞에서 이야기한 '이중생활을 위해 필요한 3가지 조건'이 갖추어졌다면 이제 본격적으로 이중생활 즐기기에 들어갈 시간이 된 것이다. 그리고 여기서 내가 권고하고 싶은 한 가지는 "이중생활의 버킷리스트는 작은 것부터 시작해야 한다."는 것이다. 이중생활을 즐길 수 있는 진정한 묘미는 작은 성취에서부터 시작하기 때문이다.

장기적으로 보아야 하는 버킷리스트는 이중생활을 막 시작한 이들에게는 현실적이지 못하므로 지양하는 것이 좋다. 처음부터 너무 큰 목표를 정했다가 이중생활의 즐거움을 제대로 느끼기도 전에 지쳐버릴 수 있기 때문이다. 혹자의 경우 이중생활에서 세운 목표가 오히려 부담으로 다가와 "나는 회사 일도 내 개인의 삶도 다 즐길 줄 모르는 사람인가?" 하며 자존감만 떨어지게 된 것을 나는 보았다.

이중생활의 시작은 거창하지 않아도 된다. 아니, 거창하지 않을수록 더 좋다. 무턱대고 마구 달려들었다가는 즐길 틈도 없이 힘만 뺏기는 결과가 나올 수 있기 때문이다. 물론 처음에야 잠시 새로운 해방감이 주는 짜릿한 느낌을 받을 수 있지만 결과적으로는 이중생활을 오래 즐기는 데 필요한 내공을 키울 수 없게 된다. 따라서 이중생활의 시작은 짧은 시간 내에 성취감을 맛볼 수 있는, 소소한 것들부터 시작해보는 것이 좋다.

나 역시 처음 이중생활을 시작할 때에는 떨리는 가슴을 안고 꿈에 부풀어 이것저것 해보고 싶은 것들을 마구 떠올렸다. '요리 배우기' '일본어 배우기' '술 빚기' '보컬 트레이닝' 등 생각나는 것들을 전부 목표로 정하고 성취하려 했다. 솔직히 말하겠다. 이 리스트 중에 현재 성취된 것은 단 하나도 없다. 게다가 이 버킷리스트들을 목표로 잡았던 당시의 나는 '이중생활, 이것도 일이네. 왜 이렇게 갑자기 재미가 없고 힘들지?' 하고 생각하기도 했다. 잘못된 목표설정으로 이중생활을 제대로 즐기지 못했던 것이다.

짧은 시행착오를 경험한 뒤에야 나는 직접 '스몰 윈 리스트Small Win List'를 만들고 그 목표들을 하나하나 뽀개나가는, 나름대로 체계적인 이중생활을 시작할 수 있었다. 소소한 것들을 먼저 성취해나가는 것이야말로 작지만 얼마나 이 하나하나가 소중한지 깨닫게 해줌과 동시에 이중생활을 유지할 수 있게 해주는 밑천인 '성취감'을 쌓아갈 수 있게 해주는 귀한 시간이었던 것이다. 그렇게 조금씩 쌓아나간 성취감을 바탕으로 나는 이중생활을 오래 유지하며 점점 더 큰 목표를 설정하고 또 이루어나가는 경험을 할 수 있었다.

지금 당장 이중생활을 어떻게 시작할지, 어떻게 즐길지 모르겠다면 다음의 표를 참고하여 직접 스몰 윈 리스트를 작성하고 실천해보자. 분명 보다 쉽게 이중생활을 시작할 수 있을 것이다. 스몰 윈 리스트는 내가 조금만 노력하면 성취할 수 있는 것들을 영역별, 대상별로 구분하여 작심에서부터 성취까지 예상 시간순으로 그 내용을 정리한 것이다. 작성하는 순서는 다음과 같다.

첫째, 성취할 수 있는 영역을 나열한다.

나는 이 단계에서 먼저

- 마음만 먹으면 쉽게 달성할 수 있는 것
- 막상 해보면 어렵지 않지만 한 번도 경험해보지 않아 생소하고 시도하기 어려운 것
- 그냥 하면 되는 것
- 돈만 있으면 가질 수 있는 것(일명 내돈내산)

으로 영역을 나열했다.

이미 스몰 윈 리스트를 통해 성취를 경험해본 경험자로서 강력하게 추천하는 영역은 '막상 해보면 어렵지 않지만 한 번도 경험해보지 않아 생소하고 시도하기 어려운 것'이다. 이 영역을 과감하게 리스트에 넣고 시도해보기를 적극 권한다. 이 영역의 목표를 성취했을 때야말로 가장 기억에 남는 재미를 느낄 수 있기 때문이다. 또한 이 영역의 경우 남들에게 자랑스럽고 신나게 이야기할 수 있는 즐거운 경험이자 소재가 되기도 한다.

스몰 윈 리스트에 작성할 수 있는 영역은 내가 작성한 것뿐만 아니라 얼마든지 다양하게 추가될 수 있다. 자신을 위해 작성하는 리

스트이니만큼 부담 없이 편하게 작성해보기를 바란다.

둘째, 성취의 대상을 정한다.

두 번째 단계는 내가 이룬 성취의 결과로 누가 혜택을 받을지에 대해 생각하며 작성해보는 것이다. 스몰 윈 리스트에 작성될 목표들은 나를 위한 것뿐만 아니라 아내와 자녀, 혹은 부모님처럼 내 가족들을 위한 것일 수도 있다. 또 인간관계의 폭을 확장한다면 친구나 직장동료까지도 이 목표의 수혜자에 들 수 있을 것이고 더욱더 영역을 확장한다면 사회도 그 범위에 들어올 수 있을 것이다. 이렇게 스몰 윈 리스트의 성취로 인해 수혜를 받는 대상이 누구인지 발견하는 것은 더 확실한 동기부여가 될 수 있다.

셋째, 성취까지의 소요 시간을 구체적으로 정리한다.

앞서 나열된 성취의 영역과 성취의 대상에 따라 지금 당장 이룰 수 있는 것과 다소 시간이 걸리는 것이 있을 것이다. 또 일단 시작하면 성취하는 데 시간은 별로 걸리지 않지만 그것을 시작하기 위해 어느 정도 마음을 먹기 위한 시간이 필요한 것도 있을 것이다. 여기서 시간이란 '최종적으로 실행의 결과를 눈으로 보기까지 걸리는 시간'을 말한다.

예를 들어 오늘 퇴근하는 길에 서점에서 신간을 한 권 사야겠다고 마음먹었다고 하자. 그렇다면 여기에 걸리는 시간은? 그렇다. 작심부터 책을 사기까지의 시간은 1시간이면 충분하다. 그렇다면 이 목표의 경우, 다음 리스트에서 영역은 '쉽게 할 수 있는 것', 소요 시간은 '1시간'을 선택해 '서점에서 신간 사기'로 기록하면 된다. 예를 하나 더 들어보자. 당신은 어린 시절 로망 중 하나였던 프라모델을 조립해보기로 했다. 마음만 먹으면 당장이라도 프라모델을 구입할 수 있지만 프라모델을 조립하는 데 따라오는 인내와 귀찮음이 예상되었다. 결국 당신은 프라모델을 사기로 작심하기까지 일주일 정도 고민할 시간을 갖기로 했다. 그렇다면 리스트에서 이 목표는 '쉽게 할 수 있는 것', '일주일'에 위치한 공간에 '프라모델 만들기'로 적히게 된다. 이러한 방식으로 1시간에서 1일, 한 달, 1분기 정도의 시간을 정하고 반드시 해당 시간 내에 성취할 수 있는 소소하고 의미 있는 것들을 작성해보자. 신나게 적어나가다 보면 나만의 스몰 윈 리스트가 완성되어 있을 것이다.

스몰 윈 리스트를 작성하고 실행에 옮기기 시작했다면 그 리스트에 따라 성취 결과를 O, X로 표시해서 계획한 것 대비 어느 정도 성취했는지를 틈틈이 점검해보기를 권한다. 성취 결과에서 O가 80%

이상 된다면 현실에 맞게 잘 작성한 것이다. 나머지 20%를 차지하고 있는 X는 어떻게 하냐고? 어렵게 생각할 것 없다. X에 해당하는 내용을 중장기적인 버킷리스트의 영역으로 옮겨서 실행하면 된다.

나는 스몰 윈 리스트를 통해 커피 한 잔을 폼나게 마시는 것부터 시작하여 생애 처음으로 판소리를 배워보는 등, 아주 다양하고 새로운 것들을 경험하며 성취해나가고 있다. 그리고 이 시간들이 곧 이중생활을 제대로 즐길 수 있는 나만의 내공이 되었다. 본격적인 이중생활의 묘미는 작은 성취에서부터 시작된다는 것! 잊지 않길 바란다.

나의 스몰 윈 리스트(Small Win List)

구분		기간									
		1시간	O·X	1일	O·X	1주일	O·X	1일	O·X	1분기	O·X
내용	경험할 수 있는 것	• 좋아하는 음악 듣기 • 신간서적 찾아보기	O	• 한강공원 걷기	O	• 프라모델 만들기	O	• 커피 스탬프 모으기	O	• 작게 판 으기	O
	시도 어려운 것 하기	• 아내에게 감사 편지 쓰기	X	• 오늘 하루 증가했던 것 기록하기	X	• 웨이트 트레이닝(PT)	O	• 은애인과 배우기(큰소리, 보물, 드림, 요가)	X	• 은애인과 배우기(큰소리, 보물, 드림, 요가)	O
	하고 싶은 것	• 타이 마사지 받기	X	• 두비에게 헤어컷	O	• 강북 맛집 투어	X	• 전시회 관람 • 광진정보도서관 가기	X	• 골프 박물이 벗어나기	X
	갖고 싶은 것	• 대형 서점	O	• 집/회사근처 극장 • 집근처 조용한 카페	O	• 독서 커뮤니티 참석, 코스트코 쇼핑 • 손세정장에서 세차하기	O	• 동해(속초, 강릉) 드라이 이브	O	• 제주도, 부산, 여수 여행	O·X
	소유(내 것)	• 관심 있는 책 구입	O	• 스마트폰 케이스 구입	O	• 빨래는 옷	X	• 프리덤 스페이서	O	• 소형가전, 편상제품 지역 중(드롬, 버리스틱 등)	X
대상	나만을 위한 것	• 스타벅스 사이렌 오더로 주문해서 빨리게 마시기	O	• 인생 사진 드라이브 • 하루 만보 걷기	O	• 아저씨 등산	O	• 밀린 드라마/영화 한번에 예정행	X	• 엘날 동창 만나기 • 동호회(가족이 기념하기)	O
	가족을위한 것	• 애들 숙제 봐주기	O	• 요리하기 (감자채칼, 오빠 갈비 등)	O	• 청량/가평에서 브런치	O	• 공연, 콘서트 보러 가기	O	• 가족여행(호칭스, 제주도, 해외)	O
	친구(동료)를 위한 것	• 회사 동료 칭찬하기	O	• 친구 고민 들어주고 밥 사주기	O	• 팀원들에게 손편지 (크리스마스카드)	O	• 후배 샐러드 맨드림금 (호, 부동산)	O	• 후배에게 전문 업무지식 전수	X
	사회를 위한 것	• 빨대 사용 안 하기	O	• 나를 위해할 수 있는 리스트 작성	X	• 헌혈	X	• 알링 봉사활동 참여 • AST(김은숙) 목소리 기부	O	• 월 50만원 기부하기	O

이중생활을 위한
세부 로드맵 그리기

이중생활을 오래 지속하기 위한 핵심은 회사 일과 개인의 삶, 둘 사이의 균형을 맞추는 것이다. 그러나 많은 이들이 이중생활을 시작한 뒤에 이 균형을 맞추는 것이 어려워 포기하곤 한다. 여전히 개인의 삶보다는 회사 일에 더 치중하거나 혹은 지나치게 개인의 삶을 추구해나가는 것에 빠져 회사 일을 등한시하게 되는 것이다. 특히 잠시 개인의 삶에 투자하다가도 다시 회사 일에 지쳐 이중생활을 포기하는 경우가 많은데, 여기서 내가 단호하게 이야기하고 싶은 것이 있다. 그건 바로 이중생활 중 하나인 개인의 삶이 은퇴 후의 삶을 대비하는 것임을 잊어선 안 된다는 것이다. 이중생활을 통해 개인의 삶을 찾아가는 과정은 단순히 회사생활 외의 시간을 의미하는 게 아니라 회사에서 은퇴한 뒤까지도 계속 지속될 나의 삶을 대비하는 시간이기 때문이다.

"은퇴하고 나면 뭐할 거야? 계획 있어?" "경제력은 어떻게 할 거야? 뭐 해서 먹고살 건지 생각해봤어?" 이 질문들은 직장인이라면 누구나 한 번쯤 생각해보았을 법한, 또 한 번쯤 들어보았을 법한 질문들이다. 한번 생각해보자. 은퇴 후의 삶을 잘 준비하기 위해서는 진정 무엇을 해야 할까? 아마 명확하게 답을 할 수 있는 사람은 많지 않을 것이다. 이는 그만큼 대부분의 직장인이 은퇴 후의 삶에 대해서는 막연한 계획만을 갖고 살아가기 때문이다. "글쎄? 지금은 잘 모르겠어." "돈이 좀 모이면 그때 계획을 세워봐야지."라고 대답하는 것은 결국 은퇴 후의 내 삶을 방치해두겠다는 것과 같다.

현재 이중생활을 통해 은퇴 후의 삶을 준비해가는 사람으로서, 직접 겪고 있는 경험자로서 이야기하자면 은퇴 이후를 준비하는 것은 빠를수록 좋다. 즉 이중생활을 누리는 삶과 그렇지 못한 삶은 큰 차이를 만든다는 것이다. 이중생활은 개인의 삶에 시간을 투자함으로써 은퇴 이후의 내 삶을 세부적이면서도 정확하게 대비해나갈 수 있게 해주기 때문이다.

집짓기나 책 쓰기와 같은, 보통의 직장인들이라면 시도해볼 생각조차 하지 못한 꿈들을 나는 은퇴 이후의 삶을 계획하면서 내 개인적인 목표로 삼았고, 현재 이를 착실하게 이루어나가고 있다. 그리고 이러한 계획을 주변에 이야기했을 때만 하더라도 누구도 내 계획이 실현될 거라 믿지 않았다. 하나같이 "말이 되는 소리를 해라."라며 꿈을 깨라는 반응만을 보였다. 하지만 나는 스스로 세운 플랜대로 꾸준히 노력하여 정말로 나만을 위한 아지트를 짓는 데에 성공했고, 당신이 직접 보고 있다시피 나와 비슷한 고민을 갖고 있는 사람들에게 내가 가진 값진 가치를 나누기 위해 책을 쓰고 있다. 나는 주변에 이야기했던 그 '말이 안 되는 계획들'을 실제로 누리고 있는 것이다. 그리고 내가 이중생활을 통해 이렇듯 거짓말 같은 목표들을 현실로 만들 수 있었던 데에는 이중생활 로드맵의 힘이 매우 컸다.

'이중생활 로드맵'이란 이중생활을 위한 기본 설계도와 같다. 앞에서 이야기했던 작은 성취들이 이중생활을 위한 워밍업이라면 이로드맵은 본격적으로 꿈을 이루어나가기 위한 도면인 것이다. 아래에 설명할 로드맵을 참고하여 당신만의 이중생활 로드맵을 세워보자. 작은 조언을 하자면, 이중생활을 위한 기초 설계와 같으므로 꼼꼼하면서도 제대로 된 계획을 세워야 한다.

나의 이중생활 로드맵

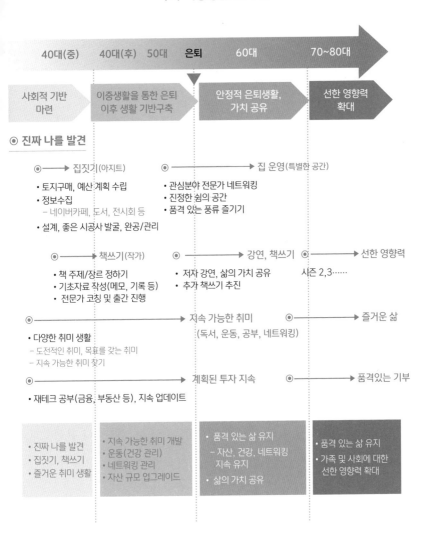

40대(중) | 40대(후) | 50대 | **은퇴** | 60대 | 70~80대

사회적 기반 마련 → 이중생활을 통한 은퇴 이후 생활 기반구축 → 안정적 은퇴생활, 가치 공유 → 선한 영향력 확대

◉ **진짜 나를 발견**

◉ ──→ 집짓기(아지트)
- 토지구매, 예산 계획 수립
- 정보수집
  - 네이버카페, 도서, 전시회 등
- 설계, 좋은 시공사 발굴, 완공/관리

◉ ──→ 집 운영(특별한 공간)
- 관심분야 전문가 네트워킹
- 진정한 쉼의 공간
- 품격 있는 풍류 즐기기

◉ ──→ 책쓰기(작가)
- 책 주제/장르 정하기
- 기초자료 작성(메모, 기록 등)
- 전문가 코칭 및 출간 진행

◉ ──→ 강연, 책쓰기
- 저자 강연, 삶의 가치 공유
- 추가 책쓰기 추진

◉ ──→ 선한 영향력
시즌 2,3······

◉ ──→ 지속 가능한 취미
(독서, 운동, 공부, 네트워킹)
- 다양한 취미 생활
  - 도전적인 취미, 목표를 갖는 취미
  - 지속 가능한 취미 찾기

◉ ──→ 즐거운 삶

◉ ──→ 계획된 투자 지속
- 재테크 공부(금융, 부동산 등), 지속 업데이트

◉ ──→ 품격있는 기부

- 진짜 나를 발견
- 집짓기, 책쓰기
- 즐거운 취미 생활

- 지속 가능한 취미 개발
- 운동(건강 관리)
- 네트워킹 관리
- 자산 규모 업그레이드

- 품격 있는 삶 유지
  - 자산, 건강, 네트워킹 지속 유지
- 삶의 가치 공유

- 품격 있는 삶 유지
- 가족 및 사회에 대한 선한 영향력 확대

일과 이중생활의
밸런싱을 관리하라

"SNS로 잘 보고 있어. 주말마다 별장에서 아주 즐겁게 보내는 것 같던데. 이중생활이 그렇게 좋나?"

"두말할 필요도 없이 좋죠. 직접 경험해보시면 좋을 텐데…… 말로는 참 뭐라 표현해야 할지 설명이 안 되네요."

최근 나에게 이중생활에 대해 물어보는 사람의 수가 엄청나게 늘어나고 있다. 이유는 명확하다. 주변 사람들이 내 SNS를 통해 이중생활 라이프를 간접적으로 체험하고 있기 때문이다. 언젠가부터 따로 일기를 쓰지 않게 되면서 나는 간직하고 싶은 순간이나 불현듯 떠오르는 생각들을 기록하고자 SNS를 시작했다. 그리고 꽤 오래 이 활동을 이어왔다.

주변 사람들의 반응은 어쩌면 너무나 당연했다. 이중생활에서의 목표 중 하나였던 별장을 짓고 난 후, 나는 주말마다 가족들과 별장

라이프를 즐기고 있었다. 그러다 보니 자연스럽게 내 SNS의 피드들 역시 별장들을 메인으로 채워지게 되었다. 활짝 피어난 예쁜 꽃이나 가족들과 텃밭에서 상추를 심는 모습, 노릇노릇 맛나게 구워진 훈제 고기와 고요한 밤에 즐기는 불멍장작불을 보며 멍하니 있는 것 등 내 SNS 피드에는 별장에서 즐기는 이중생활의 라이프로 가득했다. 그러니 주변 사람들 입장에서는 자신들과는 전혀 다른 삶을 즐기는 듯한 나의 이중생활에 절로 궁금증이 일었으리라.

힐링 가득한 주말을 보내고 새롭게 맞는 월요일. 잠시 커피를 마시는 오전 시간을 갖다 보면 마주치는 동료마다 나의 이중생활에 대한 이야기로 인사를 건넨다. "서 부장, 진짜 부러워." "선배님, 가족분들이랑 즐겁게 주말 보내시는 모습, 너무 보기 좋습니다."와 같은 말들과 진심 어린 부러움이 담긴 눈빛을 볼 때면 나는 그들에게 "선배님도 빨리 이중생활을 시작해보시죠." 또는 "그래? 그렇게 부러우면 더 늦기 전에 너도 얼른 시작해보는 게 어때?" 하고 답하며 기쁜 마음으로 이중생활을 전도한다.

물론 나의 이중생활에 대해 긍정적인 반응들만 있는 것은 아니다. 어떤 이들은 나의 이중생활에 대해 알고 나면 "서 부장, 너 혹시 농땡이 치는 거 아니야?" 혹은 "주말에 그렇게 놀다 오면 월요일에 피곤해서 일에 지장 생기지 않아?"와 같은 부정적인 이야기를 하기도 한다. 그들의 말은 한마디로 이것이다. '회사 일도 잘하고 동시에 개인의 삶도 즐기는 게 가능한가?' 그러면 나는 그들에게 짧고 간결하게, 한 치의 거짓도 없이 당당하게 답한다. "네, 가능합니다."라고 말이다.

이중생활을 하면서도 내가 회사 일을 허투루 하지 않았다는 것은 회사에서의 기록들, 협업하는 사람들을 통해 명확하게 증명되는 사실이다. 나는 이중생활을 시작한 뒤로 해야 할 일을 놓치거나 미루거나 꾀를 부린 적이 없다. 주어진 일을 망친 적도 없었고 주변에 민폐를 끼친 적도 없다. 솔직히 말하자면 나는 회사 내에서 매우 인정받는 직원이다. 모범사원을 무려 두 번이나 받은 직원이 바로 나 아니던가.

이중생활을 시작하기 전, 일에만 파묻혀 살던 과거의 나는 지금과는 달리 혼자 속으로 끙끙 앓고 있는 생각들이 많은 사람이었다. 쉽게 말하기 힘든 피해의식도 많았고 '내가 이렇게까지 회사를 위해 열과 성을 다하는 게 무슨 의미가 있지?' 하는 생각도 종종 들었다. 인간 '서성현'은 찾아볼 수 없는, 오직 회사를 위해 존재하는 서 부장만이 내 인생의 전부를 차지하고 있었기에 이유 모를 울분이 울컥 차오르는 느낌이 자주 들었다. 오직 회사만을 위해 올인하던 그때, 나 자신의 삶을 등한시하며 살던 그때의 나는 일에 100%의 열정을 쏟을 수 없었다. 심지어 나 자신을 나락으로 떨어뜨리고 싶은 무서운 생각까지 들기도 했다. 그렇게 겉으로만 열정사원일 뿐 속은 썩어 들어가고 있었던 것이다. 그런 내 삶이 완전히 달라질 수 있었던 건 진짜 나 자신을 마주 보고 시작하게 된 이중생활 덕분이었다.

이중생활을 시작함으로써 나는 스스로가 '나 자신을 위한 삶'을 살아가고 있다는 것을 느낄 수 있었고, 그렇게 내 삶이 바로 서게 되자 회사 일을 '삶의 일부'로 바라볼 수 있게 되었다. 그러자 그전까지는 억지로 열정을 쏟아부으려 해도 힘겹기만 하던 회사 일이 새롭게 활기로 가득 차는 느낌이었다. 일할 때는 100% 몰입하는 것이 가능해졌고, 내가 100% 온전히 몰입할 수 있게 되자 다른 연계된 일들과의 시너지 효과도 몇 배로 나타났다. 회사에만 올인하지 않고 내 삶을 제대로 챙기기 시작하자 오히려 그전보다 더 월등한 실적을 낼 수 있게 된 것이다.

일과 삶의 밸런싱은 다른 게 아니다. 두 마리의 다른 토끼를 다 잡을 수 있느냐의 문제일 뿐이다. 나는 깊은 내 내면을 마주한 뒤에야 비로소 일과 삶의 밸런스를 관리할 수 있는 힘과 여유를 가질 수 있게 되어 새로운 사람이 된 것처럼 회사와 개인의 삶이라는 두 마리 토끼를 다 잡을 수 있게 된 것이다. 열심히 일하고 집에 돌아와 내 삶을 즐긴다. 그러면 다음 날 아침에 내가 출근할 곳이 있고 거기에 내가 할 일이 있다. 이 얼마나 즐겁고 감사한 일인가? 하지만 일과 삶의 밸런스가 맞지 않으면 이것도 저것도 다 제대로 되지 못하니 마치 나만 많은 일을 하는 것처럼, 나만 내 인생을 제대로 살지 못하는 것처럼 피해의식을 느끼게 된다. 이는 당연한 일이다.

이런 경험과 깨달음 뒤에 나는 기회가 있을 때마다 아재라는 소리를 들을 것을 각오하고 후배들에게 작심 발언을 한다. "지금 하는 일에 대해 당장 큰 의미를 찾지 못하더라도 일이 있음에 대해 감사하라!" "일 많아서 힘든 것보다 더 힘든 것은 일이 없는 것이다!" 본인이 일을 할 수 있음에 감사한 마음을 갖는 것은 매우 중요하다. 일이 있음에 감사하고, 내일 다시 나를 찾아줄 수 있는 곳이 있다는 것에 감사하면서 그 일을 열정적으로 해라! 이런 마음이 회사와 나 사이의 신뢰이며, 이런 사람들에게 회사는 더 중요하고 의미 있는 일을 맡길 것이다.

우리는 본인이 하는 일을 일정 수준 이상으로 마스터한 후에 비로소 일의 의미를 알 수 있다. "정말 의미도 없고, 중요하지 않은데 관습적으로 해왔던 일이라면 리더들과 상의해서 과감하게 줄여나가는 것도 시도해보라!" 이것이 진정한 스마트워킹이고, 최근 여러 회사들도 이렇게 일하는 방식을 매우 적극적으로 권장하고 있다.

이중생활이란 글자 그대로 두 가지 생활이 잘 밸런싱되는 것이 전제조건이다. 어느 한쪽으로 심하게 기울어지게 된다면 이는 이중생활이라 할 수 없다는 얘기다. 일과 개인의 삶, 두 가지의 균형을 잘 맞추는 것, 제대로 된 이중생활을 지속적으로 유지할 수 있는 핵심 중의 핵심이다.

Part 3

이중생활과
취미생활

노동은 인간은 보배이다. 노동은 기쁨의 아버지다. 노동은 행복의 법칙이다. 노동은 모든 것을 정복한다. 노동은 신체를 굳세게 하고 가난은 정신을 굳세게 한다. 자기 자신에게 육체적 노동의 고귀함을 가르치지 않는 것은 그에게 약탈 강도의 준비를 시키는 것과 다름없다. 노동은 우리로 하여금 권태, 악덕, 욕심에서 멀어지게 한다.

꼭 한번 해보고 싶은 것이 있었다면
지금이 바로 그때다

지금까지 이중생활의 시작을 위해 필요한 것들과 어떤 마음가짐으로 이중생활을 시작하면 좋은지에 대한 이야기를 나눴다. 이제부터는 본격적으로 이중생활을 즐겁게 해줄 콘텐츠에 관한 이야기를 해보고자 한다. 특히 내가 소개하고자 하는 콘텐츠는 취미생활과 재테크, 집짓기, 그리고 책 쓰기이다. 먼저 경험해본 사람의 입장에서 이야기하자면 이 4가지의 콘텐츠는 내가 집중할 수 있는 시간과 체력 등을 고려해 단계별로 해나가는 것이 좋다. 그렇게 하나의 콘텐츠가 익숙해지고 즐길 수 있을 만큼의 재미가 든다면 그 후에 다른 콘텐츠를 도전하는 것이다. 시간은 충분하니 조급하게 생각 말고 차근차근 여유를 가지며 도전하는 이중생활을 즐겨보길 추천한다.

이중생활을 즐겁게 만들어줄 첫 번째 추천 콘텐츠는 취미생활이다.

취미생활은 회사 퇴근 후, 곧장 뭔가 할 수 있는 가장 가성비 좋은 이중생활이다. 하지만 어제까지만 하더라도 일에만 묻혀 살던 사람이 갑자기 취미생활을 즐기기란 쉽지 않다. 마음을 먹고 시간을 내더라도 어떻게 시작해야 할지를 몰라 멈칫하게 된다. 그래서 이중생활을 막 시작한 사람들의 경우, 취미를 시작해보라는 말을 들으면 '낚시라도 하러 가볼까? 아니지, 등산을 가야 하나?'라는 생각부터 떠올리곤 한다. 스스로 정말 갖고 싶은 취미생활이 무엇인지조차 알지 못해 어깨너머로 들었던 것들을 먼저 떠올리게 된다. 여기서 도움이 될 수 있는 것은 앞에서 이야기했던 스몰 윈 리스트다. 이 리스트를 다시 들여다보며 내가 정말 하고픈 것이 어떤 것인지 한번 찬찬히 생각해보라. 그런데도 어떤 취미를 시작해야 할지 모르겠다면 지금부터 내가 이야기하는 방법을 한번 따라와 보자.

나는 취미생활을 그 특성에 따라 4단계로 분류한다.

1 단계 : 도전해보는 취미
2 단계 : 목표를 갖는 취미
3 단계 : 지속할 수 있는 취미
4 단계 : 혼자&가족과 함께하는 취미

1단계 : 도전해보는 취미

'도전해보는 취미'란 이전까지 내가 한 번도 해보지 않았던 것 중에서도 이런저런 이유로 못 해봤던 것을 말한다. 멋있어 보이지만 본인의 나이 때문에, 또 괜히 쑥스러워서와 같은 이유로 못해본 것을 도전해보는 것이다. '도전해보는 취미'의 가장 재밌는 점은 생각지도 못했던 내 적성과 재능을 발견할 수 있다는 것이다. 나 같은 경우는 '판소리 배우기'가 그러했다.

'판소리 배우기'는 내게 있어 해보고 싶다는 생각조차 하지 못했던, 나름대로 대단한 도전이었다. 계기는 이러했다. 내게는 국악을 전공한 친구가 있는데, 이 친구가 일반인을 상대로 한 판소리 명창 수업을 개설하고 운영하면서 내게 제안을 해왔다. 당시 나는 무엇에 이끌렸는지 몰라도 친구의 제안을 듣자마자 '어? 한번 도전해볼까?' 하는 마음이 들어 곧장 수업을 신청했다. 그렇게 나는 현재 무형문화재가 되신 '윤진철' 명창님께 3개월 동안 판소리를 배울 수 있는 값진 시간을 얻을 수 있었다. 당시의 수업은 마음 한구석에서 너무

소중한 기억이자 시간으로 자리하고 있다.

지인에게 나의 판소리 경험을 이야기했더니 그 역시 비슷한 경험이 있다며 플라잉 요가에 도전했던 이야기를 해주었다. 예전부터 플라잉 요가가 너무 멋있어 보여 도전해보고 싶었던 그는 마침 기회가 생겨 해보았다. 하지만 막상 해보니 상상했던 것과 달리 1초 이상을 견디기가 힘든 데다 온몸에 멍이 든다는 것을 알게 되었다. 그렇게 그는 도전해보고 싶었던 플라잉 요가를 첫 수업 만에 그만두었다고 한다.

나와 지인의 경험은 그 결과가 다르지만 이 두 에피소드에서의 공통 포인트는 바로 '도전해본다'는 것이다. 그렇다. 해보고 잘 맞으면 끝까지 하는 것이고 잘 맞지 않는다 싶으면 그만두면 된다. 꼭 시작해서 끝을 봐야 할 필요는 없다. 자기계발? 그런 거 신경 쓰지 말고 한번 억눌러왔던 욕구를 펼쳐보자. 지금이 아니면 정말로 못하게 될 것들이 너무 많다. 그러니 해보고 싶은 마음이 드는 것이 있다면 일단 '도전'해보자. 이것이 '도전해보는 취미'의 핵심이다.

'판소리'나 '플라잉 요가'처럼 생각만 해도 가슴 설레는 것들이 세상에는 너무나 많다. 특히나 나와 같은 중년들에게는 더더욱 그렇다. 이 설레는 가슴으로 머릿속에 떠오르는 것들을 하나하나 적어보는 것이 취미 찾기의 시작이다. 머릿속으로만 생각하는 것은 뒤돌아서면 그만인 꼴이 되기 십상이다. 언제 가슴이 설렜나 싶게 귀차니즘이 몰려오는 것이다. 그러니 가능하면 가슴에 온기가 남아있는 지금, 즉시 리스트를 한번 적어보자. 리스트를 적을 때 중요한 것은 주저하지 말고, 깊이 생각하지 말고 써 내려가는 것이다. 현실적으로 가능한지 불가능한지를 묻지도 말고 따지지도 마라. 분명 가슴이 뜨거워지는 것을 경험할 수 있게 될 테니까. 나 역시 이러한 마음을 갖고 취미 리스트를 만들어보았고, 다음과 같은 50여 개의 취미 리스트를 적을 수 있었다.

나의 '도전해보는 취미' 리스트 50

1. 승마	2. 유튜브 만들기	3. 드럼 연주
4. 보컬 트레이닝	5. 일식 요리	6. 가죽공예(가방 만들기)
7. 목공예(가구 만들기)	8. 스카이다이빙	9. 패러글라이딩
10. 웨이크 보딩	11. 수상 오토바이 운전	12. 카레이싱
13. 합기도	14. 검도	15. 접영 마스터
16. 재즈 피아노	17. 폴 댄스	18. 굴착기 운전
19. 실탄 사격	20. 피부 관리	21. 스포츠 마사지
22. 용접	23. 마라톤	24. 배드민턴
25. 볼링	26. 차량 정비	27. 요트 세일링
28. 영화 엑스트라 참여	29. 마술	30. 캘리그래피

31. 밴드 활동	32. 스케이트 보딩	33. 스쿠버다이빙
34. 경비행기 조종	35. 오토바이 라이딩	36. 전통주 빚기
37. 수제 맥주 만들기(홈 브루잉)	38. 와인 마시기	39. 작품 사진 찍기
40. 천체망원경으로 별 관찰	41. 힙합 댄스	42. 라틴 댄스
43. 디제잉	44. 몸짱(근육맨) 만들기	45. 뮤지컬 배우 참여
46. 비누 만들기	47. 텃밭 채소 키우기	48. 요가
49. 자전거 라이딩	50. 암벽등반	

이 취미 리스트는 한마디로 말해 '죽기 전에 정말 한 번쯤 해보고 싶은 것'을 적어보는 것이 목적이다. 따라서 리스트를 적으면서 '이 것을 지속해야 한다.' '들어갈 돈이 아깝다.' '결과적으로 뭔가 전문 성이 생겨야겠다.'와 같은 생각을 하는 것은 금물이다. 그냥 '아, 내 가 하고 싶었던 것들이, 내 가슴을 설레게 만드는 것들이 이런 거였 구나.' 하고 느끼는 것만으로도 성공한 것이기 때문이다. 이렇게 리 스트를 적어보면 막연하게 '언젠가 해봐야지.' 하고 생각하던 것들은 시간과 체력이 될 때마다 도전할 수 있게 된다. 이는 내가 직접 경험 해보았기에 당당히 이야기할 수 있는 사실이다. 나는 가슴을 뛰게 만드는 것들을 하나하나 실행해보며 진짜 내 인생을 즐기는 삶을 누 릴 수 있었고 지금도 누리고 있기 때문이다.

도전해보기도 전에 미리 판단하고 단정 짓지 말자. 일단 시도해보자. 해보고 더 할 수 있으면 더 해보고 아니면 그만두면 된다. 꼭 한번 해보고 싶은 것이 있는데 나중으로 미뤄둔 것이 있는가? 그렇다면 나는 단호하게 당신에게 이야기하겠다. 당신이 그것을 도전해

2단계 : 목표설정이
당신의 취미생활을 빛나게 한다

앞에서 나는 해보고 싶은 것을 앞뒤 가리지 말고 이것저것 도전해보라고 이야기했다. 지금까지 해보지 않은 것에 도전해보는 일은, 그 자체만으로도 무엇과도 비교 못 할 즐거움을 주기 때문이다. 그리고 당신이 이제 이 단계를 뛰어넘어 좀 더 제대로 해보고 싶은 뭔가를 발견하고 싶다면, 두 번째 취미생활인 '목표를 갖는 취미'에 도전해볼 단계에 온 것이다. 이 단계에서는 단순하게 도전해보는 취미와는 다른 재미를 느낄 수도 있고, 또 앞으로 살아가는 동안 지속할 수 있는 나만의 취미가 탄생할 수도 있다.

내가 집을 짓겠다는 계획을 세우며 한창 설렐 때의 일이다. 집을 짓는 것 자체도 내게 있어 큰 도전이자 즐거움이었지만 집을 다 짓고 난 뒤에 해보고 싶은 것도 내겐 무척이나 많았다. 그중 가장 해보고 싶었던 것이 바로 '손님들을 초대해서 직접 만든 요리를 대접하기'였다.

　나는 음식을 같이 먹는다는 것에 특별한 의미를 부여하는 사람이다. 조금 어색하거나 거리감이 있던 사람이라도 식사를 함께하고 나면 그 이후부터는 정서적으로 친해졌다고 믿곤 한다. 식사를 통해 곧 정을 나눈다는 생각이다. 그래서 나는 언젠가 이러한 정서의 점을 한번 찍고자 했고, 그렇게 아지트가 완성되면 해보고 싶은 것이 바로 '오마카세'였다. 오마카세란 '맡긴다'라는 뜻의 일본어로, 손님은 요리사에게 메뉴를 온전히 맡기고 요리사가 식재료를 선별하여 직접 대접하는 것을 뜻한다. 나는 아지트에 귀한 손님들을 모시고 내가 직접 일식주방장이 되어 미리 준비해둔 좋은 회를 대접하고 싶었다. 내가 만든 음식에 대한 이야기부터 어떻게 내가 일식요리까지 할 수 있게 되었는지 등 그들과 여러 대화를 나누며 즐거운 시간을 보내고 싶었다. 책을 쓰고 있는 지금, 내가 계획했던 아지트는 완성되었지만 아직 오마카세는 실현하지 못했다. 대신에 나는 요리라는 취미에 발을 들여 바비큐와 훈제요리를 먼저 마스터했다.

　나는 유튜브와 블로그 정보들을 활용하여 바비큐 훈제 요리법을 익히기 시작했고, 처음에는 모양이나 흉내 내는 수준이었던 내 바비큐 요리는 현재 "이제 다른 고기 못 먹겠네."라는 소리를 들을 정도의 수준이 되었다. 물론 쉬운 일은 아니었다. 먹어나 봤지 한 번도 직접 구워본 적이 없던 내게 훈제란 낯선 세계였다. 하지만 나는 열심히 정보를 찾으며 노력한 끝에 스모크 훈제 만들기는 물론이고 나만의 훈제 바비큐 만들기까지 창안하는 수준이 되었다. 그렇게 내가 요리한 훈제요리를 먹어본 사람들로부터 엄지척을 받을 수 있게 된 것이다. 내가 좋아하는 사람들이 내가 해준 요리를 맛있게 먹는 모습을 보고 있자면 그렇게 행복할 수가 없다. 마치 유명 셰프가 된 것처럼 신이 난다. 이렇게 시작한 나의 '요리'라는 취미는 적성에도 맞을 뿐만 아니라 매우 큰 재미를 느끼게 되어 현재도 계속해서 업그레이드되는 중이다. 나는 조만간 오마카세를 실현하기 위해 일식학원에 등록할 예정이다.

이렇듯 나의 '목표를 갖는 취미'의 첫 시작은 요리였다. 그리고 지금은 요리뿐만 아니라 다른 배워보고 싶은 취미들 역시 하나씩 늘려나가는 중이다. 인생에서 제대로 즐길 만한 취미 몇 개만 있으면 우리는 '나만의 아주 특별한 즐거움'을 누리며 살아갈 수 있다. 이것을 나는 이중생활을 시작하고 난 뒤에야 깨달았다. 물론 이제 막 이중생활을 시작한 이들 중에는 제대로 즐길 만한 취미가 없어서 걱정인 사람들도 있을 것이다. 하지만 장담컨대 그럴 필요 없다. 우리에게는 아직 얼마든지 시간이 있기 때문이다.

'목표를 갖는 취미'의 핵심은 시작하고 배우며 그 목표를 달성하기까지의 모든 과정을 즐길 줄 아는 자세이다. 시작했다가 생각보다 즐겁지 않다면 그만두면 된다. 하고 보니 마치 일처럼 의무적으로 한다면 마찬가지로 언제든 그만두면 된다. 그것이 취미생활이기 때문이다. 나 역시 내가 목표로 잡은 취미들을 해볼 때마다 수시로 내 적성에 잘 맞는 취미인지, 노력하면 목표 달성이 가능한 취미인지 등을 체크하고 있다.

충분한 시간을 두고 취미의 '발굴'과 '실행'을 반복하다 보면 그 안에서 분명 특별한 즐거움을 찾을 수 있다. 그렇게 나만의 특별한 즐거움을 하나씩 늘려가다 보면 삶에 끊이지 않는 활력이 공급됨을 느낄 수 있다. 그렇게 나는 나만의 취미생활 리스트를 지금 이 순간에도 멈추지 않고 업데이트해 나가고 있다.

나의 '목표를 갖는 취미' 리스트 10

1. 보컬(오디션프로그램에 참여하여 예선 통과)

나는 노래 부르는 것을 좋아한다. 예전부터 노래방에서 "제법 노래 좀 한다."는 소리를 들어온 나는 보컬트레이닝을 한번 받아보면 더 좋아질 거라는 지인의 말에 동요되었다. 어느 순간부터 TV에서 방영해주는 노래 오디션프로그램을 보고 있자니 가슴이 셀레기 시작했다. 그리고 결심했다. 더 늦기 전에 저런 오디션프로그램에 한

번 나가보자고. 태어나서 아직 한 번도 보컬 수업을 받아본 적이 없는 나는 트레이닝을 받은 뒤, 오디션에 나가 예선 통과하기를 목표로 잡았다.

2. 요리(일식 요리 5가지 이상 마스터, 파티/핑거푸드 디저트 포함 5종 이상)

오마카세는 여전히 내가 반드시 성취하고 싶은 목표 중 하나다. 회칼을 사용해 회를 멋지게 뜨고, 각종 초밥을 만들고, 여러 해산물로 만든 깔끔한 비주얼의 요리들을 좋아하는 사람들과 나누고 싶다. 그렇게 일식을 마스터하고 나면 파티나 모임에서 쉽게 만들 수 있는 파티/핑거푸드도 마스터하여 여러 종류를 만들어 가족과 지인들과 함께 나누고 싶다.

3. 술빚기(우리나라 전통주 3종)

우리 나이에는 풍류를 즐길 줄 알아야 한다는 게 내 생각이다. 풍류에서 빠질 수 없는 것이 바로 술이다. 나는 술을 한잔 마시며 지와 덕을 갖춘 고수들의 인생 이야기를 듣고 나누는 그런 분위기를 좋아한다. 그렇게 내가 지은 아지트에서 풍류를 즐기고 싶다. 그리고 풍류를 즐길 때 사용할 술을 직접 빚어보고 싶다. 내가 직접 술을 빚는다면 그 과정에서 내 정성과 마음을 술에 담을 수 있다. 그리고 아지트에 귀한 손님이 방문했을 때 내 정성과 마음을 담은 술을 귀하게 대접하고 싶다.

4. 텃밭 가꾸기(열무 심어서 열무김치 담그기)

텃밭 가꾸기에 대해 이야기하면 주변의 반응은 극명하게 둘로 나뉜다. 한쪽은 "그 힘든 걸 왜 하냐? 그냥 마트에 가면 다 살 수 있는데."라며 사서 고생한다는 일명 '사고파'. 다른 한쪽은 "직접 키워서 먹으면 완전 유기농에다가 보람도 있으니 좋겠네. 한번 직접 재배해봐."라며 격려해주는 일명 '직재파'. 나는 일단 직재파의 길을 가보기로 했다.

초보자라도 키우기에 그다지 어렵지 않은 상추나 치커리, 토마토 등은 조금만 신경을 써주면 키우는 보람을 느낄 수 있다. 작년에 '열무 재배'를 목표로 파종부터 시작했는데, 결과적으로 말하자면 나름대로 성공적인 수확을 거두었다. 그래서 올해는 수확한 열무로 직접 열무김치를 담그려 한다.

우리 때는 집에서 대부분 김치를 담가 먹었다. 어머니께서도 직접 집에서 김치를 담그셨는데, 4남매 중 막내인 나는 고추 다듬기부터 양념 손질까지 김치 담그는 모든 과정에 보조로 참여했다. 찬밥 한 덩어리에 막 담근 김치를 함께 먹던 그 맛을 잊을 수가 없다. 그때 그 시절의 추억을 재현해보고 싶은 로망이 있는 것이다. 이제 조그만 텃밭을 가꿀 수 있게 되었고, 열무를 심어 수확해본 경험도 생졌다. 그러니 이제는 직접 열무김치를 담그는 것까지 해볼 생각이다. 그렇게 좋은 결과를 거두게 된다면 매년 조금씩 다른 김치 담그기에도 도전해보려 한다.

5. 드론(자격증 취득)

어린 시절 나는 하늘을 날고 싶었다. 그래서일까? 어른이 된 뒤에도 비행기를 타면 높은 하늘에서 아래를 내려다보는 그 풍광이 너무나도 좋다. 그리고 이제는 비행기를 타지 않고도 이런 뷰를 감상하는 것이 가능한 세상이 되었다. 바로 드론을 통해서 말이다.

최근 드론 이용자들이 많아지면서 250g 이하의 완구형 드론을 제외한 일정 규격 이상의 드론들은 2021년 3월부터 반드시 해당 자격증을 취득해야 한다. 이 자격증은 1종부터 4종까지로, 주로 무게로 구분되어 있다. 다행히 개인 촬영용 드론은 대부분이 2kg 이하의 제품들이기에 내 목표를 위해서는 4종만 취득하면 된다. 드론 4종 자격증의 경우, 교통안전공단에서 6시간의 교육 이수 후에 20문제 70점 이상을 취득하면 합격을 받을 수 있다. 문제는 자격증을 따는 것과 별개로 드론 세트의 구매가격이 비싼 편이라는 것이다. 그러나 내게 있어 드론은 '내돈내산'을 통해 가장 먼저 해보고 싶은 아이템이므로 여전히 리스트의 상위권에 위치해 있는 '목표를 가진 취미'이다.

6. 모터보트 운전(운전 면허증 취득)

청평호에서 모터보트가 멋지게 물을 가르는 모습이나 북한강에서 수상스키를 시원하게 즐기는 사람들을 볼 때마다 '언젠가 직접 모터보트를 운전해보고 싶다.'라는 생각을 한다. 문제는 마음과 달리 무엇부터 어떻게 시작해야 할지를 잘 모르겠다는 것이다.

언젠가 마음만 먹으면 할 수 있겠지 하며 잠시 리스트 아래로 내려놨던 모터보트 운전이었지만, 최근에 TV에 나온 한 방송인이 보트 조종 면허 자격증 시험에 도전하는 내용을 보게 되면서 다시 그 로망이 불타오르기 시작했다. 그래서 현재 나는 일단 모터보트를 운전할 수 있는 면허증부터 취득하기로 마음을 먹은 상태이다.

7. 바리스타(바리스타 자격증 취득)

커피와 관련된 취미를 갖고 싶게 된 이유는 커피를 매우 좋아하는 아내 덕분이다. 이중생활의 완성도에 가장 큰 영향을 주는 것은 바로 배우자의 지지인데, 아내는 항상 나를 지지해주고 지원해주는 1등 후원자다. 늘 고마운 아내에게 아내가 가장 좋아하는 서비스로 보답하고자 바리스타라는 목표를 세우게 되었다. 커피 관련 공부를 열심히 하여 언제든 아내에게 맛 좋은 커피를 대접해줄 수 있는 남편이 되고 싶다. 바리스타 자격증이라는 목표는 커피에 대한 공부를 조금이라도 더 체계적으로 해보고자 세우게 되었다.

8. 배드민턴(지역대회 3등 이상)

배드민턴을 즐기는 사람들이 상당히 많다. 아무래도 비용이 많이 들지 않고, 또 쉽게 시작할 수 있는 운동이며, 남녀노소를 가리지 않고 즐길 수 있는 운동이기 때문이 아닐까 싶다. 직업과 나이를 가리지 않고 즐길 수 있는 운동이다 보니 건강도 챙기고 지역사회에서 인맥도 쌓을 수 있는 일거양득의 운동이다. 이왕 배드민턴을 시작한다면 나는 단순히 레슨을 받고 조금 잘 치게 되는 수준으로 끝내고 싶지 않다. 그래서 지역대회에 나가 단식이든 복식이든 3등 이상을 쟁취하는 것을 목표로 삼았다. 배드민턴은 주로 지역 단위의 동호회에 소속되어 대회가 진행되므로 현재 가입하기 적당한 동호회를 서칭 중이다.

9. 검도(1단 합격)

지금이야 다양하게 무술이나 스포츠를 가르쳐주는 학원이 많지만 내가 학생이던 때만 하더라도 태권도, 합기도, 킥복싱, 검도 정도가 체육관의 대부분이었다. 고등학생 시절에 나는 3년간 합기도를 배웠지만 정말 하고 싶었던 무술은 검도였다. 영화에서 무사들이 칼로 싸우는 모습이 멋있어 보였을 뿐만 아니라 검도를 수련한 사람들이 돌돌 만 신문지 하나로 불량배들을 물리쳤다는 거짓말 같은 소문도 그대로 믿고 싶을 만큼 검도에 매력을 느꼈기 때문이다. 그러나 검도는 호구^{대련을 위해 쓰이는 보호구}가 필요한 무술이기에 가성비적인 관점에서 나는 합기도를 선택했었다. 그런데 최근에 아쉬움만 갖고 지나쳤던 검도에 대한 내 마음을 다시 불러일으켜 주는 사람이 있다. 바로 유명 스타트업 기업을 운영하고 있는 김정빈 대표님이다. 그는 페이스북에 검도 수련 사진이나 검도와 연계하여 떠올린 새로운 생각들에 대한 글을 올리고는 한다. 그리고 그중 내 이중생활과 꼭 들어맞는다는 생각이 든 글이 있었다.

ㄴ 형님은 검도를 왜 배우세요?

ㄴ 나이가 들면서 타인에게 폐를 끼치지 않고 혼자 놀 수 있는 놀이가 필요하다는 생각이 들었습니다. 그래서 검도를 시작했습니다.

페이스북에 올라온 검도 사진과 그 아래 달려 있던 댓글 대화. 이를 본 나는 못 했던 검도를 하리라 마음먹었다. 검도를 통해 마음을 가다듬고 정신을 집중하는 것과 더불어 혼자 즐기기에 최고의 취미생활이 될 것이라 믿는다. 그래서 목표를 1단 따기로 잡았다. 검도에 입문하게 된다면 혹시 모를 방해요소가 생길지도 모르지 않는가? 방해요소를 핑계로 그만두는 것을 스스로 방지하고자 일부러 목표를 1단으로 잡은 것이다. 1단을 따기까지는 무슨 일이 있더라도 검도를 지속하기 위해서 말이다.

10. 골프(89타 이하, 보기 플레이어)

골프는 쉽다고 느껴지다가도 어느 순간 한없이 어렵다는 생각이 들게 되는 운동인 것 같다. 과거에는 골프가 돈 많은 사람들만 가능한 운동으로 여겨질 때가 있었지만 현재는 상당히 대중화된 운동이다. 어느 동네에서나 스크린 골프장과 골프 연습장을 쉽게 찾아볼 수 있고, 골프 관련 유튜브도 셀 수 없을 정도로 많다. 즉 의지만 있으면 얼마든지 쉽게 배울 수 있는 운동이라는 것이다. 솔직히 말해 나는 골프 자체에 대해 크게 재미를 느끼는 편은 아니다. 그러나 아이러니하게도 골프장에 나가는 것은 좋아한다. 골프장에 펼쳐진 잔디와 자연 풍경을 보면 안구가 정화되는 느낌이 들기 때문이다. 골프 자체에 대한 재미는 모르는 채로 나가는 것만 좋아하다 보니 연습을 제대로 하지 않아 실력은 늘지 않았다. 문제는 이런 내 실력이 다른 사람에게 민폐가 된다는 것이다.

골프는 기본적으로 4명이 한 조가 되어 진행하는 운동인데, 나와 파트너가 되는 사람은 번번이 손해를 본다. 때문에 나와 팀이 되는 사람은 내 실력을 개의치 않을 정도로 마음이 넓거나 나와 비슷한 수준인 사람이어야 한다. 그러거나 말거나 골프장에서 안구정화만 하던 나였지만 나이가 들어가면서 좋은 사람들과의 관계를 유지하기 위해서라도 골프 실력을 좀 키워야겠다는 생각이 들었다. 그래서 세우게 된 목표가 '보기 플레이어'이다. 이 정도만 되어도 다른 사람들과의 실력과 상관없이 재밌게 골프를 칠 수 있기 때문이다. 당장 실력이 늘지 않더라도 골프장에서 좋은 사람들과의 즐거운 시간을 위해 골프 타수 목표를 89개로 잡고 실행해 나가고자 한다.

3단계 : 지속할 수 있는 취미생활을 찾아라

이중생활을 통해 즐길 수 있는 세 번째 취미생활은 '지속할 수 있는 취미'이다. 즉 일상에서 루틴을 유지할 수 있는 취미, 습관이 될 수 있는 취미를 뜻한다. 앞서 우리는 '도전해보는 취미'와 '목표를 갖는 취미'에 대해 알아보고 리스트를 작성해보았다. 이제는 도전하고, 목표를 갖는 취미를 넘어 지속함을 통해 누릴 수 있는 즐거움과 설렘을 만날 차례이다. 이 '지속할 수 있는 취미' 생활의 대표적인 예는 바로 독서와 운동, 그리고 공부이다.

이 취미들은 보통 시작할 때 재미가 없고 지루하다고 느낀다. 연초마다 많은 사람들이 이 취미를 목표로 삼았다가 작심삼일로 그치는 경우를 종종 본다. 하지만 분명한 사실은, 독서와 운동과 공부는 그 시작이 조금 어려울지는 몰라도 꾸준히 지속해나가다 보면 어느 순간 다른 어떤 취미보다도 큰 재미와 성취를 누릴 수 있다.

미국의 의사 맥스웰 몰츠에 따르면, 우리의 뇌는 새로운 행동에 익숙해지는 데 최소 3주의 시간이 걸린다고 한다. 뇌는 충분히 반복되어 시냅스가 만들어지는 것에 저항을 일으키도록 만들어져 있다. 따라서 자연스럽게 내 몸의 습관이 될 정도로 의식적인 노력을 꾸준히 해주어야 한다.

1.독서

이중생활을 하면서 다양한 사람들과의 넓고 깊은 인간관계를 원한다면, 이 독서는 필수적인 취미라 할 수 있다. 책에는 다양한 영역의 콘텐츠가 들어 있다. 독서를 통해 교양과 시사 지식을 업데이트해간다면 일상생활은 물론 비즈니스 관계에서도 대화의 콘텐츠가 풍부해지기 마련이다. 또 독서는 현재의 나를 좀 더 가치 있는 사회적 위치의 사람으로 만들어주고 지켜줄 수 있는 중요한 기반이 되어준다.

독서를 취미로 두기 위해서는 내가 관심 있는 영역이 무엇인지를 먼저 생각해보아야 한다. 소설이나 에세이, 혹은 자기계발서 등 어떤 분야든 상관없다. 중요한 것은 욕심내지 말고 자신이 읽기 편하고 쉬운 책부터 조금씩 시작해보는 것이다. 하루 10분 정도로 가볍게 시작해보는 것도 좋다. 꾸준히 3주간 지속하다 보면 어느 순간 루틴이 되고 습관이 된다.

2. 운동

운동은 건강한 이중생활을 위해 반드시 지녀야 할 습관이자 취미이다. '취미'라고 표한 이유는 '내가 가장 즐길 수 있는 운동은 무엇일까?'를 토대로 운동을 골라보라는 의미이다. 즉 습관화하고 즐길 수 있는 운동을 찾아내어 내 것으로 만들어보자는 것이다.

예를 들어 "공으로 하는 것은 딱 질색이야."라고 말하는 사람이 구기종목에서 취미를 찾으려 한다고 해보자. 금세 흥미를 잃고 중단될 가능성이 크다. 내가 아는 지인의 경우 헬스장은 싫어하는 반면 등산은 매우 좋아한다. 그는 산에 오르내리며 운동도 하고 좋은 공기, 좋은 사람과의 관계를 통해 육체적으로도, 정신적으로도 건강하고 풍요로워지는 취미를 오래도록 즐기고 있다. 나도 처음 헬스장에서 웨이트트레이닝을 해보았을 때 '도대체 이걸 무슨 재미로 하는 걸까?'라며 이해하지 못했다. 그런데 개인 트레이너의 도움을 받으면서 운동을 지속하자 몸과 마음이 달라지기 시작했다. 특정 부위의 근육에 변화가 오기 시작하고 신체가 그럴싸하게 좋아짐을 느끼자 어느 순간 웨이트트레이닝을 즐기고 있었다. 현재 나는 헬스장에 가지 못하면 집에서라도 스쿼트와 팔굽혀펴기 같은 운동을 최소 20회 5세트씩 지킬 정도로 내 몸의 근육들을 관리하는 데 재미를 붙이게 되었다. 즉 습관화된 것이다.

이중생활을 지속하기 위해서는 반드시 건강이 밑받침되어야 한다. 그리고 이 건강을 위해서는 운동이 필수적이다. 이번 기회에 어떤 운동이 나에게 맞는지 찾아보고 시작해보도록 하자. 골프연습도 좋고 달리기도 좋다. 집 앞 공원에서 걷는 산책도, 간단하게 줄넘기도 좋다. 어떤 운동이든 30분에서 1시간 정도 지속할 수 있는 것이라면 무엇이든 OK이다. 스스로 몸을 어느 정도 움직이는 것을 좋아하는지, 또 어떤 운동이 재미있을지를 생각해보고 자신에게 맞는 운동을 선택하여 3주 이상 지속해보자. 분명 자연스럽게 나의 루틴이 되어 있을 것이다.

3. 공부

공부는 그 단어부터가 우리에게 주는 미묘한 압박감이 있다. 그래서 그 종류가 어떤 것이든 간에 남녀노소를 불문하고 쉽게 시작하지 못하는 것이리라. 그러나 당신이 격 높은 이중생활을 누리고 싶다면 반드시 공부를 '지속할 수 있는 취미'에 포함하기를 바란다.

대부분의 사람에게 '공부'란 하기 싫은 것들을 꾹꾹 참으며 해내야 했던 숙제들과 시험들을 떠올리게 한다. 우리는 성장기에 좋은 대학에 들어가기 위해, 또 청년기에는 좋은 회사에 들어가기 위해, 그리고 회사 입사 후에는 좀 더 중요하고 높은 일을 맡기 위해 이를 악물고 공부를 해야만 했다. 즉 우리에게 공부란 경쟁을 통해 어떤 관문을 통과하고, 필요한 자격을 얻어내기 위한 수단이자 방법이었다. 그러나 지금 내가 이야기하고자 하는 이중생활에서의 공부란 그런 공부가 아니다.

이중생활을 통해 취미로 가질 공부란 순수하게 내가 관심 있는 영역의 지식 폭을 넓히고, 그에 필요한 역량을 강화하는 것이다. 다른 누구와의 경쟁도 없고 압박도 없다. 즉 이전까지의 공부가 다른 이들과의 경쟁을 통한 성취감을 손에 넣기 위한 것이었다면, 이중생활에서의 공부란 누구의 강요나 간섭도 없이 오직 내가 직접 알고 싶은 것들을 넓고 깊게 알아가는 지적만족과 즐거움을 손에 넣는 과정이다. 그리고 이렇게 얻게 되는 지적 만족감과 즐거움이야말로 우리 삶의 격을 높여주는 훌륭한 양식이다.

나 같은 경우, 이중생활을 하면서 '역사에 대한 공부'를 '지속할 수 있는 취미' 중 하나로 삼아 즐기고 있다. 과거의 나에게 '역사 공부'란 학창시절 시험을 위해 억지로 암기해야 했던 과목이었다. 하지만 지금의 내게 '역사 공부'란 누구와의 경쟁도 없고 시험도 없는, 30분 동안 내 지식의 폭을 넓혀주는 즐거운 시간이다. 나는 이 시간 동안 역사를 통해 배울 수 있는 교훈들과 새로운 깨달음을 얻어감으로써 나날이 더 깊이 역사 공부에 빠져들고 있다.

품격 높은 이중생활을 유지하고 싶다면 반드시 '지속할 수 있는 취미'를 한두 개 이상 만들기를 바란다. 핵심은 이 취미들의 경우 지속해야만 그 진짜 즐거움을 발견할 수 있다는 것이다. 그러니 '지속할 수 있는 취미'를 일상의 루틴이 되도록, 습관이 되도록 만들어보자. 분명 그 어떤 다른 취미로부터도 느끼지 못했던, 지속함으로써만 느낄 수 있게 되는 취미의 진미를 맛보게 될 것이다.

4단계 : 혼자 할 수 있는 취미와 같이 할 수 있는 취미

이중생활 속에서 일을 제외하고 내 개인의 삶을 살다 보면 독립적인 나를 발견할 수 있다. 그러나 그럼에도 언제나 떼놓고 생각할 수 없는 것이 있으니, 그건 바로 가족이다. 내 개인의 삶에는 평생을 함께할 가족들, 아내와 아이들이 포함되어 있다. 그래서 마지막으로 취미생활의 최종 단계인 '가족과 함께 하는 취미생활'에 대해 이야기해보려 한다.

이중생활을 시작한 초기에는 조금 이기적으로 혼자만의 취미생활을 즐겨도 괜찮다. 그전까지 가족을 위해 열심히 살아왔으니 그럴 만한 자격이 있다. 하지만 만약 계속해서 혼자만의 취미생활에 빠져 지낸다면 문제가 발생한다. 어느 순간부터 가족의 눈총과 비난을 피할 수 없게 될 것이기 때문이다.

이중생활은 가족과의 분리를 의미하는 것이 아니다. 이를 착각해서는 안 된다. 이중생활에는 지혜로움이 필요하다. 그래야만 건강하게 오래오래 이중생활을 지속할 수 있다. 그리고 이 지혜로운 방법 중 하나가 바로 '가족과 함께 하는 취미생활'이다. '가족과 함께 하는 취미생활'은 이중생활의 필수교양 과목과도 같다. 즉 이중생활에서 취미생활에 대한 목록을 짤 때 '혼자 할 수 있는 취미'와 '가족과 함께할 수 있는 취미'를 구분지어 세팅해야 한다는 것이다.

앞에서 말한 역사 공부나 판소리처럼 혼자서 즐길 수 있는 취미도 있고, 또 드럼이나 요리처럼 가족과 함께 즐길 수 있는 취미도 있다. 여기서는 온전히 모든 가족이 함께 즐길 수 있는 취미생활을 찾아보자.

일에 찌들어 사는 직장인에게 있어 가족과 함께 시간을 보내기란 사람에 따라 어색하고 부담스러운 일이기도 하다. 시간이 지나면 지날수록 점점 '의무감'으로 가족과 함께 시간을 보내게 될지도 모른다. 물론 이 의무감이라는 것이 '싫다'는 의미는 아니다. 그러나 꼭 즐겁지만은 않은 것 역시 사실이다. 나도 안다. 그러나 잊지 말아야 할 것은 한번 지나가면 잡을 수 없는 시간이라는 것이 있다는 사실이다. 혹시 지금은 가족보다 일이 더 우선이라 나중에 여유가 생길 때 가족과 함께하겠다는 생각을 갖고 있는가? 의무감이라는 생각에 힘겨운가? 몸소 경험한 사람으로서 장담컨대 이는 매우 이기적인 생각이다.

가족들은 언제나 아빠가 함께하길 바라며 기다린다. 이는 아빠가 그만큼 가족 구성원으로서 중요하기 때문이지 아빠로서 의무를 다하라고 가족들이 강요하는 것은 아니라는 뜻이다. 그러나 강요가 아니더라도 우리에게는 가족들과 그 순간이 아니면 다시 맛볼 수 없는 행복과 감사의 시간이 있다. 이를 놓쳐서는 안 된다. 나는 이 순간들을 아주 많이 놓쳤고, 너무나 크게 후회했지만 결코 되돌릴 수 없었다.

내 아이들은 벌써 첫째와 둘째가 모두 중학생이 되었다. 이미 커버릴 대로 커버린 두 아이는 이제 스마트폰에서 눈을 떼지 않은 채 노룩No look인사를 한다. 그나마 아는 체라도 해주는 것이 고마울 지경이다. 처음부터 이랬을까? 그럴 리가 없다는 것을 나나 당신이나 아주 잘 알고 있다. 똘망똘망한 눈으로 나를 바라보던 아이들의 그 순간들을, 그때가 아니면 결코 담지 못했을 그 시간들을 내가 많이 함께하지 못한 탓에 너무 짧게 지나가버린 것이다. 정말이지 아이들이 "아빠, 놀아줘." 하며 안겼던 적이 언제였는지 기억조차 나지 않는다. 참 슬픈 일이다.

나는 진짜 나를 찾은 뒤, 일과 개인의 삶에 대해 깊이 고민하게 되었고 그렇게 이중생활을 시작했다. 그리고 이중생활을 시작하며 그 모든 여정 속에서 가족을 단 한 순간도 빼놓고 생각해본 적이 없다.

내 개인의 삶에 가족이 얼마나 소중한 존재인지, 그들과 함께함으로써 내가 얼마나 가치 있게 빛날 수 있는 존재인지, 그리고 행복하고 감사한 사람인지를 깨달을 수 있었기 때문이다. 그래서 나는 가족들과 함께할 수 있는 취미생활을 고민했고, 여러 가지를 목표로 잡고 실행해나가고 있다. 자, 그렇다면 '가족과 함께 하는 취미생활'에는 무엇이 있는지, 내 경험을 바탕으로 몇 가지 소개해보겠다.

1. 호캉스

가장 먼저 추천하는 것은 바로 '호캉스'이다. 호캉스는 내가 우리 가족들과 함께하는 가장 대표적인 취미생활이다. 호캉스는 누구나 쉽게 시작할 수 있고, 시기를 타지 않으며, 특별히 호불호가 갈리지 않는다는 장점이 있다. 성수기일 경우 비용이 좀 많이 들 수는 있지만 가족 모두가 좋아하기에 그 정도의 부담은 감수하며 즐기고 있다. 혹시 아직 호캉스의 재미를 모른다면 이번 기회에 가족들과 한번 경험해보기를 추천한다.

호캉스를 위해 필요한 것은 정보력이다. 가성비를 위해 포탈을 검색하고 네이버 카페와 같은 곳을 통해 입맛에 맞는 호텔을 찾기 위한 노력만 하면 된다. 가족 구성원마다 각자 취향이 다를 수 있으므로 나는 모두가 만족할 만한 호캉스를 위해 사전조사에 공을 들이는 편이다. 예를 들면, 나의 아내는 호텔조식을 선호하고, 딸은 조용히 자기만의 공간에 들어가 커다란 침대에 누워 웹툰을 봐야 하고, 또 아들은 물을 좋아하기에 수영장에서 놀 수 있어야 한다. 그리고 나 역시 아들과 함께 수영장에서 노는 것을 무척 좋아한다. 이처럼 호캉스를 통해 즐기고자 하는 부분이 각자 다르기에 모두가 원하는 것을 충족시킬 수 있는 호텔을 찾으려고 노력한다.

2. 가족들과 '함께 계획하는' 여행

호캉스 다음으로 추천할 만한 것은 가족들과 '함께 계획하는' 여행이다. 엄마 아빠의 일방적인 계획이 아니라 가족 모두가 함께 고민하며 계획한 대로 여행을 떠나는 것이다. 우리 가족은 다 같이 머리를 맞대고 토론한 끝에 유니버셜 스튜디오를 경유하여 괌까지 다녀오는 일정을 짜서 여행한 적이 있다. 그전까지 했던 그 어떤 여행보다 좋은 추억을 많이 만들 수 있었다. 개인적으로 캐나다의 토론토와 몬트리올, 그리고 퀘백을 여행했던 것이 아주 좋은 추억으로 남아 있다.

여행이란 계획을 세우는 단계에서부터 즐겁기 마련이다. 그리고 이는 가족 모두가 함께할 때 배가된다. 원하는 것들을 할 수 있다는 기대감으로 신나게 출발할 수 있을 뿐만 아니라 여행을 떠나서 나올 수 있는 불평불만들도 크게 줄일 수 있다. 아마 당신이 가장이라면 현지에서 나오는 아내와 아이들의 불만들을 잘 알 것이다. 이러한 위험을 크게 줄일 수 있는 방법이 가족과 함께 계획하는 여행이다.

이처럼 '가족과 함께 하는 취미생활'은 호캉스나 여행처럼 반드시 함께 계획하여 실행하기를 권한다. 분명 어떤 것을 하더라도 그 과정 하나하나가 행복할 것이다. 나 역시 호캉스와 여행 외에도 가족이 함께할 수 있는 좋은 취미를 찾기 위해 계속 노력하고 있다. 그리고 그 과정조차 행복하게 즐기는 중이다. 가족은 내 삶의 일부다. 이중생활을 통해 개인의 삶을 살아가기 시작한다면 가족은 결코 빼놓을 수 없는 존재이다. 우리는 혼자가 아니기에 더 큰 행복을 누릴 수 있다는 사실을 잊지 말자.

Part **4**

이중생활과
재테크

비록 산의 정상에 이르지 못했다 하더라도 그 도전은 얼마나 대견한 일인가. 중도에서 넘어진다 해도 성실히 노력하는 사람들을 존경하자. 자신에게 내재한 힘을 최대한 끊임없이 도전하는 사람. 큰 목표를 설정해 놓고 부단히 노력하는 사람은 인생의 진정한 승리자인 것이다.

직장인은 부자가 될 수 없는가

내 주변 사람들은 이중생활을 즐기고 있는 나를 보며 수많은 질문을 던진다. 그리고 그 질문 중 단 한 사람도 빠지지 않고 물어보는 것이 있다. 바로 자금에 대한 질문이다. 내가 '이중생활을 유지하기 위해 필요한 자금'을 어떻게 마련하는지를 궁금해 한다. 친하게 지내는 후배들의 말을 빌리자면 "부장님의 재테크 비법은 뭔가요?"라는 질문이다.

요즘 세상에 재테크 비법을 알아보기란 말 그대로 어린아이 사탕 뺏기보다도 쉽다. 현대사회는 정보가 차고 넘치는 시대이기 때문이다. 당장 서점만 가보아도 화려한 수식어들로 치장된 재테크 관련 서적들이 쌓여 있으며, 유튜브 검색만 해보면 자타공인 수많은 재테크 고수들의 영상들이 업로드되어 있다. 그리고 이 모든 정보는 누가 보아도 '나도 금방 많은 돈을 벌 수 있겠는데?'라는 생각이 들게끔 해준다. 이처럼 '정보 범람화의 시대'를 살아가고 있음에도 내 지인들은 내게 '재테크'에 대해 묻는다. 왜 그런 걸까? 나는 부동산 전문가도 아니고 금융 전문가도 아닌, 일개 직장인일 뿐인데 말이다.

아마 그 이유는 이중생활을 잘 누리고 있는, 언제나 여유 있어 보이는 내 모습이 그들의 눈에 특별하게 비치기 때문일 것이다. 심지어 나를 '자수성가한 부자'로 착각하며 찾아오는 후배도 있는 판이니 더 말해 무엇하랴.

나는 부동산 전문가도 아니고 금융 전문가도 아니지만 후배들과 재테크에 관해 이야기를 나누는 것을 아주 좋아한다. 내가 누리고 있는 방법을 함께 나눔으로써 그들 역시 여유롭고 즐거운 삶을 살 수 있다면 그것만큼 큰 나눔의 행복 역시 없다는 것을 알고 있기 때문이다. 그래서 이번 파트에서는 실제로 내가 후배들에게 들려주는 재테크에 대한 관점과 원칙을 소개해보고자 한다.

안정적으로 실거주할 집 한 채만큼은 갖고 시작하자

: 생애 첫 집은 재테크가 아니다.

몇 해 전 친한 후배에게 '집'에 대해 조언을 해준 적이 있다. 그는 집을 사야 하는 상황인데 어느 지역에 사야 할지, 집값에 변동이 생기지는 않을지가 고민이라고 했다. 쉽게 말해 처음 집을 사는 사람이라면 누구나 할 법한 궁금증과 고민을 내게 물어왔다. 큰 거래(집을 매매하는 것과 같은)를 해본 적이 없다 보니 당연하게도 부동산 거래 경험이 있는 사람에게 조언을 구하고자 했던 것이리라. 나는 그 후배에게 아주 간단하게 아래와 같은 조언을 해주었다.

"지금 네 현금흐름(?)에 문제가 없다면 조금 무리가 되더라도 당장 사도록 해. 조금 더 직설적으로 말할게, 지금 당장 반차 내고 가서 계약해."

많은 이들이 잘못 생각하는 것 중 하나가 '첫 집'까지도 재테크 수단으로 생각한다는 것이다. 그러나 여기에 대한 내 관점을 밝히자 면 이는 잘못된 생각이다. 생애 첫 집은 재테크가 아니라 안정적인 삶을 영위하기 위한 필수요소다. 즉 미래에 집값이 어찌 될지와 같은 부가적인 이득을 세세하게 계산할 일이 아니라는 것이다. 어느 지역에 집을 사면 좋을지, 집값이 오르거나 내려가지는 않을지가 걱정된다? 현실적인 조언을 해주겠다. 웬만하면 아내의 말을 따르라. 만약 아이들이 있다면 두말할 것도 없다. 아내들은 아이들의 교육환경에 대해 그 어느 남편들보다도 훨씬 뛰어난 정보력을 가지고 있다. 따라서 아내와 상의하여 그 의견과 정보를 토대로 결정을 내리면 열에 아홉은 실패하지 않을 수 있다. 그렇게 나는 후배에게 "형편이 된다면 바로 계약을 해라." "아내의 말을 따르라."라고 조언했고, 1년 정도의 시간이 흘러 그 후배를 다시 만나게 되었다. 그리고 그에게 "그때 그 아파트 집값 많이 올랐더라. 내 말 듣고 그때 사길 잘했지?"라고 물었다. 그러나 후배는 한숨을 쉬며 "그때 고민만 하다 못 샀습니다. 사라고 하셨을 때 샀어야 했는데…… 그 뒤로 대출도 막히고 집값이 폭등해서 결국 집 사는 건 포기했어요."라고 답했다.

생애 첫 집은 나와 가족을 위해 안정적인 주거를 확보한다는 측면에서 반드시 필요하므로 재테크라는 생각을 버리고 기회가 주어질 때 무조건 마련해두어야 한다. 그래야만 내가 운용할 수 있는 집값을 제외한 자금의 규모가 파악이 되어, 최적의 재테크를 할 수 있다.

회사 일에 집중하는 시간과
재테크에 집중하는 시간의 비율을 8:2로 가져라

: 하루 1시간 30분, 일주일 8시간

개인적인 경험에 따르면 일을 잘하는 사람일수록 의외로 개인의 재산 증식을 중요하게 생각하지 않는 경향이 있는 것 같다. 아니면 중요하다는 것을 알면서도 고민할 시간이 없을 만큼 바쁘거나 말이다. 이들에게 재테크를 안 하느냐고 물어보면 "재테크에 대해 잘 알지만 시간적으로 여유가 없어서요." 또는 "요즘 금융상품은 너무 복잡해서 이해할 수 있는 상품에만 가입해요." 또는 "모아둔 현금은 좀 있지만 잘못하면 크게 손해 볼까 봐 안전하게 예금상품에만 가입했어요."와 같은 답이 돌아온다. 이러한 답들은 결국 그 표현은 다르지만 재테크를 그만큼 중요시하지 않고 있다는 것을 방증하는 이야기이다. 그러나 나는 회사 일은 잘하면서 재테크는 하지 못하는 후배들에게 꼭 아래와 같은 말을 해준다.

"월급만 가지고는 절대 부자가 될 수 없어. 우리가 집도 사고 취미생활도 충분히 즐기며 살기 위해서는 의지를 갖고 재테크를 해야만 해."

우리는 정말로 의지를 갖고 재테크를 해야 한다. 그래야만 진짜 내가 원하는 삶을 누리며 살아갈 수 있다. 그렇다면 이를 위한 노력은 얼마나 필요할까? 앞서 이야기한 사람들의 말처럼 정말 바빠서 할 수 없는 사람들도 있을 수 있지 않은가?

내 경험을 토대로 답하건대, 재테크에 투자하는 시간은 회사 일에 투자하는 시간의 20% 정도면 충분하다. 즉 퇴근 후 매일 1시간 30분 정도, 일주일에 8시간 정도면 된다. 이 시간을 통해 재테크를 공부하고 또 시작해 차근차근 쌓아나간다면 분명 훨씬 풍요로운 삶을 얻을 수 있을 것이다.

재테크 공부는 일찍 시작하라

: 모아놓은 돈이 없어도 공부는 할 수 있다.

많은 이들이 재테크를 잘하는 사람이 따로 있는 것처럼 이야기한다. 그렇다면 재테크란 능력으로 좌우되는 것일까? 타고난 재능으로 판가름 나는 게임일까? 절대 그렇지 않다. 재테크를 하기 위해 필요한 것은 단 하나다. 그건 바로 '정직하게 재산을 증식시키겠다는 의지'이다. 즉 의지만 있다면 재테크는 누구나 할 수 있다.

우리는 가끔 재테크와 소득을 혼동하고는 한다. 그러나 자세히 들여다보면 이는 서로 다른 개념이다. 쉽게 한 문장으로 이를 풀어보겠다. 당신이 월급을 받아 생긴 '소득'을 증식시키는 기술이 바로 '재테크'다. 따라서 이 재테크를 위해 필요한 것은 바로 공부이기에 의지만 있으면 누구나 할 수 있다는 것이다. 그래서 나는 후배들에게 "당장 모아놓은 돈이 없더라도 부동산이나 금융에 대해 최대한 일찍 공부를 시작하도록 해."라고 강조한다.

앞서 이야기했듯 재테크와 관련된 정보들은 이미 너무너무 많이 나와 있다. 그리고 오히려 이렇게 정보들이 넘쳐나기 때문에 초보자의 입장에서는 더더욱 시작이 어려워진다. 후배들이 이러한 고민을 이야기하면 나는 아래와 같이 조언한다.

"서점으로 가. 그리고 경제 분야에서 가장 네 눈에 잘 띄는 책 한

권을 구입해서 정독해."

재테크와 관련된 책들을 정독하다 보면 그 안에서 만나게 되는 어려운 경제용어나 개념들을 주석과 설명을 통해 잘 배울 수 있다. 이 책을 매일 한 시간씩 읽는 것부터 재테크를 시작해보는 것이다. 만약 당신이 유독 책을 보는 게 힘든 사람이라거나 책을 읽기에는 여의치 않은 환경이라면, 차선책으로 '팟빵'에서 재테크 또는 경제를 검색하여 나오는 콘텐츠를 찾아보자. 만약 그 콘텐츠 중에서도 무엇으로 시작해야 할지 모르겠다면 《〈이진우의 손에 잡히는 경제〉》를 추천한다. 영상 목록의 순서와 상관없이 어느 회차든 들어가 내용을 듣다 보면 실생활에 도움이 될 만한 경제 상식이나 재테크를 최소 한두 개 정도는 얻을 수 있다.

계획하고 반드시 실행에 옮겨라

: 수익률, 게이트웨이, 출구전략은 기본 중의 기본이다.

재테크는 실행이 중요하다. 날마다 공부를 하더라도 실행에 옮기지 않는다면 아무런 소용이 없다. 이 실행을 위해 반드시 선행되어야 하는 것은 계획이다. 당신이 성실하게 월급을 모아 어느 정도 목돈을 갖고 있다고 가정해보자. 아마도 하루빨리 재테크를 실행에 옮겨보고 싶을 것이다. 그러나 무조건 실행한다고 재테크에 즉각 성공하는 것은 아니다. 따라서 시행착오를 최소화하기 위해 계획을 세우는 과정이 필요하다. 이 계획에 포함되어야 할 필수목록은 목표수익률과 중간 게이트웨이, 그리고 출구전략이다.

먼저 목표를 세울 때 '절대적인 수익이 얼마나 발생하는가'보다는 '수익률이 얼마인가'에 초점을 맞추는 것이 좋다. 그리고 계획대로 수익이 잘 나고 있는지를 모니터링하기 위해 중간 게이트웨이도 필요하다. 만약 수익률이 목표에 못 미친다면 계획을 수정해야 하기 때문이다. 끝으로 이 계획의 기간을 최장 3년 이내로 세워야 한다. 자신이 정한 기간 안에 목표 수익률에 도달했거나 혹은 수익이 발생하지 않았더라도 계획한 기간에 다다랐다면 이변이 없는 한 출구전략에 따라 주저 없이 투자를 중단하고 자금을 회수해야 한다. 이때, 우리는 이익 실현의 단맛 또는 손절매로 인한 아픈 결과를 경험할 수 있다. 이러한 계획적인 재테크를 통한 이익 실현은 실제적인 수익 외에도 자존감 상승과 마음의 부유함을 주어 내가 이미 부자가 된 듯한 여유를 갖게 해준다.

대부분의 사람들이 재테크를 공부하는 단계까지는 쉽게 가는데, 정작 실행에는 잘 옮기지 못한다. 스스로 한계를 짓거나 리스크 산정에서 오는 불안감, 또 실패의 두려움 때문일 것이다. 그러나 꼼꼼하게 계획하고 실행한다면 돌발 상황이 발생하더라도 극복해나갈 수 있는 안전장치가 되어준다.

재테크의 시작은
종잣돈 만들기다

종잣돈이란 더 나은 투자나 구매를 위해 밑천이 되는, 묵혀둔 돈을 말한다. 단어를 보면 알 수 있다시피 종자라는 단어에 그 모든 뜻이 함축되어 있다. 종자는 아무리 흉년이 들어 배가 고프더라도 건드리지 않는다. 그해에 심어야 하는 씨앗이기 때문이다. 즉 종잣돈은 제대로 된 쓰임새가 찾아지기 전까지 결코 건드리지 않는 돈이다. 영어권에서도 마찬가지로 종잣돈을 시드머니라 칭하는 걸로 보아 종잣돈의 개념은 동서고금을 막론하고 같은 의미를 가진 게 틀림없다. 그렇다면 왜 나는 재테크 이야기를 하다 말고 종잣돈에 대한 뜻과 어원을 떠들고 있는 걸까? 종잣돈과 재테크의 관계는 무엇일까? 이유는 명료하다. 종잣돈이야말로 재테크의 핵심이기 때문이다.

재테크는 일정 규모의 목돈, 즉 종잣돈을 갖고 있어야만 시작할 수 있다. 재테크를 위한 씨앗이 종잣돈이란 것이다. 우리 조상들은 아무 씨앗이나 종자로 쳐주지 않았다. 씨앗조차 되지 못한 세포 단계의 씨앗은 제대로 된 종자로 쓰일 수 없기 때문이다. 그리고 이는 재테크를 위한 종잣돈에서도 마찬가지이다. 약간의 푼돈을 가지고 재테크를 하겠다는 것은 그저 연기처럼 사라질 꿈만을 품고 씨앗을 뿌리는 것과 같기 때문이다. 쉽게 말해 손에 쥘 수 있는 것은 아무것도 없는 투자가 된다는 것이다.

후배들과 재테크에 대한 이야기를 나누다 보면 다들 하나같이 종잣돈을 모아야 재테크 역시 시작될 수 있다는 데에는 동의하며 고개를 끄덕인다. 그런데 종잣돈을 얼마나 모아야 할지, 또 어떻게 모아야 할지에 대한 이야기로 넘어가면 그때부터는 각자만의 생각이 다들 달라진다. 지금부터 내가 소개하는 종잣돈과 관련된 내용은 수많은 후배들과 내가 직접 고민하고 대화를 나누며 얻게 된 몇 가지 팁들이다.

첫째, 종잣돈에 대한 고정관념을 깨라

"티끌은 모아봐야 티끌이다."라는 말을 들어본 적이 있을 것이다. 종잣돈이란 티끌이 모여 태산이 되기를 바라며 시작하는 일이다. 그러다 보니 이런 말을 듣게 되면 종잣돈을 위한 티끌을 잘 모으다가도 의욕이 사라지고 우울해지게 된다. 이 말을 누가 처음 썼는지 정확하게는 알 수 없지만 개인적인 기억으로는 방송인 박명수 씨가 예능 프로그램에서 이 말을 쓴 것이 화제가 되어 유명해진 것으로 알고 있다. 그러나 이전에는 정말로 '티끌 모아 태산'이 가능하다고 믿는 사람들이 많았으며 또 이를 실현한 사람들도 많았다. 이는 분명한 사실이다. 현실적으로 불가능하다는, 자조적인 표현으로 격하되었다 해도 누군가에게는 이 속담이 진리라는 사실은 변하지 않는다. 무엇보다 직접 티끌을 모아본 장본인으로서 나는 후배들을 비롯한 지인들에게 '티끌 모아 태산'에 도전하기를 적극 권한다. 여기에는 '티끌 모으기'를 해본 자만이 얻을 수 있는 소중한 가치들이 있기 때문이다. 나는 티끌을 모으면서 그 안에서 조금씩 변화하는 내 자신을 발견할 수 있었다. 그리고 그중에서도 내가 발견한 1석 3조를 주변에 종종 알려주곤 한다.

서울시 승용차 마일리지(자동차 주행거리를 줄인 만큼 마일리지로 주는 시민실천운동)

서울시 승용차 마일리지 제도는 온라인이나 구청 방문을 통해 쉽게 가입할 수 있다. 그리고 가입이 승인되면 1년간의 주행 실적을 바탕으로 마일리지를 지급해준다. 나의 경우 매년 평균적으로 6만 마일리지 이상을 지급 받고 있으며, 이 마일리지를 자동차세와 같은 세금에 사용하고 있다. 어찌 보면 별거 아닌 듯한, 귀찮고 티도 안 나는 절약으로 보일 수 있으나 나는 이를 통해 세금 절약은 물론 탄소

중립 실천에 작게나마 이바지했다는 보람을 느낀다.

자동차 보험료 환급(보험 가입 시 약정보다 적은 운행기록을 증빙하면 보험료 환급)

해당 보험에 가입한 이후부터 나는 회사에 출퇴근할 때 대중교통을 이용해오고 있다. 이를 통해 앞서 소개한 서울시 승용차 마일리지와 시너지를 내어 이중의 혜택을 받을 수 있을 뿐만 아니라 매년 약 10만 원 정도씩 보험료를 환급받고 있다.

스타벅스 컵(10개에 300원 할인)

아내는 커피를 무척 좋아한다. 그래서 주말에는 주로 스타벅스를 찾아가 아내는 카페라떼, 나는 아이스 아메리카노를 마시며 시간을 보내곤 한다. 평균적으로 우리 부부에게 1주일 동안 스타벅스 일회용컵이 4개가 생긴다는 것을 알았다. 이후 아내와 나는 이 컵들을 커피 할인과 사회 캠페인 참여에 활용하고 있다. 스타벅스에서는 컵 10개를 가져오면 300원을 할인해주는, 일회용컵 회수를 위한 사회 캠페인을 하고 있다. 누군가는 그깟 300원이라고 할지 모르지만 우리는 좋은 취지를 가진 캠페인에 동참하는 것과 함께 맛있는 커피를 300원이나 할인받을 수 있다는 것에 큰 만족감을 느끼고 있다.

우리 주변에는 사소하고 별거 아닌 듯 보이는 '티끌'들이 무수히 많다. 그 티끌을 통해 우리는 작지만 기분 좋은 경제적 이득, 좋은 습관, 그리고 사회운동 참여와 같은 가치들을 발견할 수 있다. 한 마디로 1석 3조의 효과를 누릴 수 있다. 나는 나만의 티끌들을 발견하며 나의 삶 자체가 조금씩 바뀌어 감을 느낄 수 있었다. 그래서 나는 "티끌은 모아봐야 티끌이지."라는 말을 쓰지 않는다. 부정적인 고정관념은 삶에 어떤 도움도 되지 않는다. 나는 주변에 "티끌을 모으다 보면 돌멩이를 줍게 된다." "티끌이 모여 돌멩이가 된다."라는 표현을 사용하며 '티끌 모으기'를 적극 권하고 있다.

둘째, 종잣돈은 안정적이면서도 보수적으로 모아라

대학원에 재학 중이던 시절 나는 산학 장학생이었다. 장학금으로 학비와 약간의 생활비를 받았던 나는 여기에 아르바이트까지 열심히 하여 매월 80만 원 정도를 벌었다. 당시 학생이었던 내게 이 돈은 적지 않은 수입이었다. 이때 나는 태어나 처음으로 돈을 어떻게 쓰고 모아야 할지에 대해 고민했다. 결국 우정사업본부에 근무하고 있던 누나의 조언에 따라 우체국 금융상품에 가입했고, 3년 후에 1,000만 원이라는 목돈을 얻게 되었다. 그 후 매년 예금과 적금을 꾸준히 넣었고, 회사에 입사한 지 5년이 되자 7,000만 원이 모인 통장을 가질 수 있었다. 그렇게 나의 종잣돈이 만들어졌다.

솔직히 고백하건대 당시의 나는 어떤 금융상품이 좋은지, 어떻게 재테크를 해야 하는지 하나도 아는 게 없었다. 그냥 열심히 은행에 넣어두는 것만이 종잣돈을 모으는 유일한 방법이었다. 요즘에는 선진화된 금융상품들이 다양하고 많아서 나처럼 꾸역꾸역 우직하게 은행에 넣는 것 말고도 종잣돈을 만드는 방법이 많다. 그러나 나는 여전히 종잣돈 모으기는 최대한 안정적으로, 보수적으로 모으는 것이 가장 좋다고 생각한다. 무엇보다 사회초년생 시절부터 나와 같은 패턴으로 종잣돈 모으기를 한다면 기본적으로 '절약'이라는 좋은 습관을 만들 수 있다.

그렇다면 종잣돈은 어느 정도의 기간을 잡고 얼마나 모으는 것이 좋을까? 내 경험을 토대로 이야기해보자면 기간은 최대 5년, 규모는 본인의 1년 세후소득의 2.5~3배 정도가 적절하다. 이 정도의 목표치는 집중해서 노력하기만 한다면 현실적으로 누구나 달성할 수 있을 것이다.

셋째, 종잣돈을 성장시키는 최고의 영양분은 레버리지!

어린 시절부터 나는 아버지에게 귀에 못이 박힐 정도로 들어온 말이 있다. 바로 "빚은 안 좋은 것이다. 그러니 절대로 빚지지 말아라."이다. 아버지는 지방에 있는 사립학교에서 서무과장으로 평생 성실하게 근무하시다가 정년 퇴임하셨다. 그리고 자신의 인생 경험을 토대로 내게 "은행에서든 타인에게서든 절대로 빚을 지고 살아서는 안 된다."라고 강조하셨다. 아버지의 영향으로 내 인생에서(아버지가 돌아가신 뒤부터 결혼하기 전까지) 대출이란 없었다.

친구들과 재테크에 관해 대화하다 보면 종종 그들도 나처럼 "빚지지 마라."는 소리를 많이 듣고 자랐다는 것을 알았다. 아마도 시대적으로 어려운 환경 속에서 가족을 위해 성실하게 돈을 모아온 우리 부모 세대의 공통적 경험에서 우러나온 조언이 아니었을까 생각된다. 그러나 오늘날 우리는 부모 세대와는 너무나 다른 시대를 살아가고 있다. 일단 대출이 너무나도 쉬워졌다. 과거에는 연대보증제도가 있어 보증을 잘못 섰다가 망하는 사람이 부지기수였지만 지금은 연대보증 자체가 사라졌다. 또한 대출 금리 역시 낮아져 금융비용만 안정적으로 지급할 능력이 된다면 주택 매매처럼 초기에 목돈이 필요한 경우 대출을 받는 것이 매우 수월해졌다.

기업 경영활동에서 일반적으로 'Loan빚'이라는 단어와 함께 'Leverage레버리지'라는 표현을 종종 사용한다. 여기서 레버리지란, 지렛대라는 그 뜻처럼 회사가 빚을 지렛대처럼 이용하여 투자수익률을 극대화할 때 사용된다. 쉽게 말해 상대적으로 낮은 비용금리으로 자금을 끌어와 수익성이 높은 곳에 투자함으로써 조달비용을 갚고도 크게 이익을 남기는 것을 뜻한다. 이처럼 당신 역시 보수적으로 열심히 모은 종잣돈을 불리고 싶다면 레버리지를 그 영양분으로 사용해야 한다. 레버리지를 잘 사용한다면 남들과 같은 시간을 투자하고서도 두 배 높은 수익을 볼 수도 있고, 때로는 내 종잣돈을 두 배로 불리는 데에 드는 시간을 크게 단축시킬 수도 있다. 잘 사용한 레버리지는 식물이 잘 자라게 만들어주는 영양분과도 같다. 주의할 점은 레버리지를 사용할 때 철저한 투자분석이 선행되어야 한다는 것이다. 잘못된 레버리지를 사용하면 애써 모은 종잣돈마저 잃을 수 있다. 아무리 좋은 영양분이라도 잘못 사용하면 독이 되는 것은 식물 키우기나 재테크나 마찬가지다. 그러니 철저하게 조사, 분석하는 시간을 가지며 레버리지라는 유용한 영양분을 당신의 종잣돈에 잘 사용해보길 바란다.

돈 버는 공부를 즐겨라

앞서 나는 당장 모아놓은 돈이 없더라도 재테크 공부만큼은 일찍 시작하라 강조했다. 재테크를 하기 위해서는 일반상식 이상의 전문적 지식이 다소 필요하기 때문이다. 스스로 분석할 수 있는 실력을 갖추지 못한 채 재테크에 뛰어들면 남의 말에 쉽게 휘둘리거나 유행만을 좇다가 결국 투자가 아닌 투기를 하는 우를 범하게 된다. 한마디로 소중한 내 돈을 잃게 될 수 있다는 것이다.

그렇다면 재테크 공부는 어떻게 시작하는 것이 좋을까? 재테크 초보라면 재테크와 관련된 책을 최소 3권 완독한 후 시작하는 것이 가장 좋다. 짧은 시간에 관련 지식을 습득하기 위해서는 사실 책만 한 게 없기 때문이다. 수많은 재테크 전문가들도 독서를 가장 좋은 재테크 공부 방법으로 꼽는 데에는 이유가 있는 것이다. 시중에 나와 있는 스테디셀러에는 부와 성공을 이룬 사람들의 공통적 특징, 습관, 돈을 바라보는 철학, 금융상품 등 재테크를 공부하는 사람들이 알아야 할 개념들이 잘 정리되어 있다. 그리고 이 수많은 책들 중 나에게 필요한 책을 고르기 위해서는, 먼저 아래 3가지 카테고리를 구분해둘 필요가 있다.

① 재테크 전에 기본적인 습관, 체질 개선과 관련된 책
② 재테크를 위한 마인드 세팅, 돈을 버는 이유 및 동기부여와 관련된 책
③ 실질적인 재테크 방법과 관련된 책

재테크 책을 읽은 뒤, "재테크는 너무 어렵다." "나는 재테크랑 안 맞는 것 같다."라고 말하는 사람이 많다. 그리고 그들 중 90% 이상이 실질적인 재테크 방법과 관련된 책으로 곧바로 공부를 시작한 사람들이다. ①과 ②에 해당하는 책들을 건너뛰고 ③부터 읽는다면 크게 효과를 보기가 힘들다. 컴퓨터로 비유해보겠다. ①은 컴퓨터의 하드웨어, ②는 운영체제Operating System, ③은 소프트웨어나 앱과 같다. 아무리 좋은 소프트웨어나 앱일지라도 하드웨어와 OS가 제대로 갖추어지지 않으면 작동시킬 수 없는 것과 마찬가지란 뜻이다. 즉 재테크를 통해 돈을 벌고자 한다면 좋은 습관과 마인드가 우선적으로 갖추어져야 한다. 따라서 반드시 ①과 ②에 속한 책들이 알려주는 메시지들을 명확하게 이해하고 실천한 후에 ③으로 넘어가야 효과적인 재테크를 실행할 수 있다.

재테크 전에 기본적인 습관 ▶ 체질 개선과 관련된 책

그럼 지금부터 내가 읽어본 책 가운데 재테크 초보에게 도움이 될 만한 것을 몇 권 소개해보겠다. 추천하는 책은《미라클 모닝 밀리어네어》와《타이탄의 도구들》이다.

《미라클 모닝 밀리어네어》,
부자들만 아는 6가지 기적의 아침 습관
《미라클 모닝 밀리어네어》의 저자 할 엘로스는 젊은 나이에 대형 트럭과의 교통사고로 6분간 사망 상태에 있었다. 이 사고로 인해 영구적인 뇌 손상을 입었고, 주치의는 그가 다시는 걸을 수 없을 거라 말했다. 하지만 할 엘로스는 의사의 진단을 뒤집어엎는다. 그는 자신의 앞을 가로막은 모든 장애물을 극복해낸 것이다. 그렇게 두 번째 인생을 살게 된 할 엘로스가 자신을 절망 속에서 새로운 삶으로 이끌어준 '아침'의 비밀을 담은 책이 바로《미라클 모닝 밀리어네어》이다.

《미라클 모닝 밀리어네어》는 하루가 시작되기 전, 누구의 방해도 받지 않는 시간에 기도, 명상, 공부와 같은 긍정적인 루틴 만들기를 이야기하는 책이다. 힘겨운 아침잠으로부터 보다 쉽게 깨어남으로써 얻게 되는 사소하지만 새로운 변화들과 행복한 하루를 만들기 위한 아침 습관을 강조한다. 일명 라이프 세이버SAVERS라 부르는 6가지 아침 습관이 바로《미라클 모닝 밀리어네어》가 소개하는 변화를 위한 습관들로, 'SAVERS'는 다음과 같은 6가지 항목의 이니셜을 딴 것이다.

침묵	**S**ilence
확신의 말	**A**ffirmation
시각화	**V**isualization
운동	**E**xercise
독서	**R**eading
일기	**S**cribing

할 엘로스는 6가지 아침 습관들의 구체적인 실천 방법과 사례를 소개하며 독자들이 미라클 모닝을 실현할 수 있도록 돕는다. 많은 이들이 이《미라클 모닝 밀리어네어》를 2003년에 출간된 일본인 의사의 책인《아침형 인간》과 혼동하곤 한다. 그러나 결론부터 말하자면《미라클 모닝 밀리어네어》는 '아침 시간을 잘 활용하면 성공한다' 라고 말하는《아침형 인간》이라는 자기계발서와는 그 결이 다르다. 《아침형 인간》이 출간되었을 당시의 자기계발서들은 대부분 현대사회의 성과주의를 강조하는 책들이었다. 그러나 최근에는 이러한 '성과주의' 위주의 책들에 대해 비판하는 여론이 높아지고 있다. 그리

고 무엇보다《미라클 모닝 밀리어네어》는 그 어느 책들보다도 젊은 세대들로부터 큰 공감을 이끌어낸 책이다. 인스타그램 등 SNS에 매일같이 많은 젊은 세대들이 그날 실천한 미라클 모닝을 인증하는 게시글로 업데이트되는 것이 이를 증명한다. 수치적인 면에서 덧붙이자면 인스타그램에 '미라클 모닝'을 해시태그 해보면 그 게시글만 30만 개가 훨씬 넘게 나오며, '미라클 모닝 챌린지'만 하더라도 1만 6,000개에 달한다.

당신이 만약《미라클 모닝 밀리어네어》를 아직 읽어보지 못했다면 지금 곧장 이 책을 장바구니에 담은 뒤에 다음 내용을 읽어보도록 하자.《미라클 모닝 밀리어네어》에서 소개된 내용을 잘 실천하여 이를 습관화할 수 있게 된다면, 재테크를 잘하고 싶은 사람의 내공은 10배 이상 커질 것이다.

《타이탄의 도구들》,
최고의 자리에 오른 사람들의 61가지 성공 비밀

《타이탄의 도구들》의 저자 팀 페리스는 글로벌 CEO로, 언론으로부터 '이 시대 가장 혁신적인 아이콘'으로 평가받는 사람이다. 그는 자신의 팟캐스트 방송에서 수백만 명의 청취자와 함께 뽑은 '세상에서 가장 성공한 인물 200명'을 출연시켰는데, 이들의 성공 노하우와 철학 및 삶의 지혜들을 망라하여 책으로 펴냈다. 그 책이 바로《타이탄의 도구들》이다.

페리스는 성공한 이들을 일명 '타이탄'이라 명명했다. 그리고 그들의 성공비결이 '담대한 목표와 그것을 돕는 디테일'이라 정의했다. 이 '타이탄'들은 작은 것으로부터 큰 기회를 찾아내는 남다른 습관과 루틴을 갖고 있었으며, 또한 매우 강한 집중력을 가진 사람들이라는 것이다. 《타이탄의 도구들》의 서문에서 페리스는 단 두 가지만 기억하라고 말한다. 하나는 "성공은 올바른 경험으로 얻어진 믿음과 습관들을 쌓아가다 보면 반드시 성취할 수 있다."이며, 다른 하나는 "당신의 마음에 떠오르는 슈퍼히어로들(기업가, 억만장자, 최고의 하이포퍼머 등)은 모두 걸어 다니는 결점투성이들이다."라는 것이다. 즉 우리가 우상시할 정도로 성공한 모든 인물들은 실상 나와 같은 보통의 사람이며, 그들이 성공할 수 있었던 것은 그들이 쌓아올린 루틴과 습관의 결과물이라는 것이다. 무엇보다 《타이탄의 도구들》이 가진 장점은 61개에 달하는 모든 장 하나하나가 독립적인 메시지로 되어 있으며, 그 울림 있는 메시지들을 곧장 자신의 삶에 적용해볼 수 있을 만큼 이해하기 쉽게 적혀 있다는 것이다.

재테크를 위한 마인드 세팅 ▶
돈을 버는 이유 및 동기부여와 관련된 책

《2000년 이후, 한국의 신흥 부자들》

《2000년 이후, 한국의 신흥 부자들》, 부자들은 모두 경제의 변곡점에서 탄생한다!

《2000년 이후, 한국의 신흥 부자들》의 저자 홍지안은 한국은행에서 약 30년 동안 근무한 경제전문가이다. 그녀는 어린 시절 가정환경이 어려웠기에 자연스럽게 경제에 대한 관심을 가지게 되었다. 홍지안은 부를 이룬 사람들을 찾아가게 되었고, 그들로부터 성장 과정과 철학 등을 취재하여 정리해 책으로 엮었다. 이 책에서는 부자들이 어떤 과정을 거쳐 지금의 위치까지 올 수 있었는지를 알려줌으로써 어떻게 하면 그들처럼 성공할 수 있을지에 대한 가이드를 해주고 있다. 현대는 그저 열심히만 산다고 성공할 수 있는 시대가 아니기 때문이다. 《2000년 이후, 한국의 신흥 부자들》에서는 신흥부자들의 공통점으로 진실함, 절실함, 최적의 투자, 자기믿음과 확신, 독서가 있지만 이보다 더 중요한 그들의 공통점 한 가지는 바로 '돈의 흐름을 알고 경제 변곡점에서 위기를 기회로 만드는, 터닝포인트가 있음을 발견한 것'이라고 이야기하고 있다. 돈의 흐름을 알기 위해서는 화폐를 올바르게 이해해야 한다. 또한 경기의 변동을 알아야 한다.

그리고 저자는 경기의 변동에 있어 나침반이 되어주는 것이 바로 정보라고 말한다. 통계청 사이트와 한국은행 통계, 국가 통계 등의 포털 사이트로부터 얻을 수 있는 정보들이 경기가 나아갈 방향을 알려준다는 것이다. 또한 부자가 되기 위한 팁으로 "부자 근육으로 리셋하라.", "모든 것을 가능하게 하려면 기록하라.", "공부하라. 공부하는 만큼 알게 될 것이다."라는 3가지를 덧붙이고 있다. 첫 번째 '부자 근육을 키워라'는 적은 돈의 흐름부터 알아야 큰돈의 흐름을 통제할 수 있으므로 경제를 관리할 줄 아는 근육을 키워야 한다는 의미이며, 두 번째 '기록하라'는 기록이야말로 모든 기억을 지배하므로 기록이 곧 개선을 위한 밑거름이 되어 미래까지의 삶을 통제할 수 있는 바탕이 된다는 것이다. 마지막 세 번째 '공부하라'는 우리가 성공과 멀어지는 이유가 시간이나 돈이 없어서가 아니라 노력하지 않고 공부하지 않기 때문이라고 이야기해주고 있다.

이처럼 《2000년 이후, 한국의 신흥 부자들》은 돈을 많이 벌고자 하는 우리에게 이미 부의 성공을 이룬 사람들의 마인드와 행동을 습득할 수 있게 도와준다. 이 외에도 스티브 사마티노의 《넥스트 위너》역시 많은 도움을 받은 책 중 하나로 추천하고 싶다.

재테크 방법 ▶ 실질적인 방법과 관련된 책

마지막으로 소개하고 싶은 책은 《돈의 비밀》이다. 이 책을 통해 나는 투자에 관한 생각을 정리하는 데 실질적인 도움을 받을 수 있었다.

《돈의 비밀》, 경제적 자유를 만드는 돈의 경제학

《돈의 비밀》의 저자 조병학은 현대경제연구원 출신으로, 현재 파이낸셜 뉴스미디어 그룹의 에프앤이노에듀 대표이사 사장이다. 또한 경제 관련 강의 및 유튜버로도 활동하고 있다. 그는 《돈의 비밀》의 프롤로그에서 "사회에 진출한 후 돈의 경제학을 빠르게 깨우친 사람은 대부분 빠르게 돈을 벌고 빠르게 돈을 불린다."라고 말한다. 조병학은 자신이 이 책을 쓰게 된 이유가 수십 년이라는 시간이 흐르는 동안 누구도 이를 가르쳐주지 않았기 때문이라고 한다.

《돈의 비밀》에서 소개하고 있는 '돈을 버는 세 가지 방법'은 '시간을 팔아 돈을 버는 방법'과 '시간을 조직해 돈을 버는 방법', 그리고 '돈을 투자해 돈을 버는 방법'이다. 첫 번째인 '시간을 팔아 돈을 버는 방법'은 보통의 월급쟁이^{직장인}들을 뜻하며, 두 번째인 '시간을 조직해 돈을 버는 방법'은 고용주와 같은 이들이 해당된다. 그리고 마지막 세 번째인 '돈을 투자해 돈을 버는 방법'은 첫 번째와 두 번째 방법을 통해 번 돈을 다른 곳에 투자하여 돈을 버는 것을 말한다. 내가 앞선 파트에서 정의한 재테크의 개념과 일맥상통하는 것이다. 《돈의 비밀》역시 세 번째 방법을 통해 성공하고자 한다면 "시장을 공부하고, 면밀하게 관찰하고, 변화에 대응해야 한다. 세상 어디에도 공짜는 없다."라고 말한다. 재테크는 역시나 자기 노력과 공부가 필수라는 것을 재확인시켜주는 것이다.

무엇보다 《돈의 비밀》을 통해 습득하길 바라는 것은, 이 책에서 소개하고 있는 S&P500지수와 다우존스지수에 대한 개념과 이와 연동된 최고의 상장지수펀드Exchange-Traded Fund, ETF이다. 이 개념을 꼭 공부해보기를 권한다. 《돈의 비밀》에서는 각각의 지수와 연동된 다양한 ETF 가운데 가장 대표적인 ETF로 SPYSPDR S&P500와 QQQInvesco QQQ Trust를 추천하고 있는데, 사실 나는 이 책이 나오기 전에 저자인 조병학의 특강을 들었던 덕분에 SPY와 QQQ에 대해 조금 더 일찍 알 수 있었다. SPY와 QQQ는 성공확률을 높이는 상품 중의 하나로 《돈의 비밀》에서는 다음과 같이 소개하고 있다.

"미국 시장에서 가장 시가총액이 큰 기업을 골라내고, 그 기업의 시가총액 비중에 따라 투자하고, 실적이 나쁜 기업은 제외해가며 위험을 제로로 만들어가는 ETF가 이들이다. 그러니 어떤 종목의 특정한 한 해 성장률 30%를 따라가지는 못해도 최상위 종목의 장기 연평균성장률 대부분을 흡수하면서 갈 수는 있다. 이것이 성공의 확률을 높이는 방법이다."

나는 저자의 특강과 《돈의 비밀》을 통해 이를 이해하여 SPY와 QQQ에 투자했고, 꽤 괜찮은 수익률을 직접 경험했다. 그러면 이제 내가 경험한 ETF 수익성에 대해서는 다음 장에서 좀 더 상세하게 설명해보겠다. 채널 고정!

나의 재테크
Small Success Story

후배들과 재테크에 관해 대화하면 우선적으로 '왜 재테크가 필요한지' '어떤 마음으로 재테크를 하면 좋은지'에 대해서부터 내가 경험한 것들을 나누곤 한다. 앞선 파트들을 통해 보았듯이 말이다. 그러나 그들이 끝까지 내게 묻는 한 가지 질문이 있다. 그 질문은 바로 '그래서, 서 부장은 도대체 어떻게 재테크를 해서 성공했나?'이다. 결국 그들이 내게 가장 궁금해하는 것은 이 질문인 것이다. 따라서 이번 파트에서는 나의 재테크 성공사례를 이야기해보려 한다.

성공이란 것의 크기는 사람마다의 기준에 따라 엄청난 격차를 보인다. 그만큼 성공이란 것은 주관적인 관점이 많이 들어갈 수 있는 부분이다. 나 역시 나만의 성공 기준을 가지고 있다. 나는 '내가 공부하고, 계획하여 투자한 곳에서 은행 예금 금리보다 높은 수익률이 발생했다.'면 이것을 성공한 재테크라고 생각한다. 이런 내 기준을 바탕으로 '재테크를 통한 성공'을 얘기해보자면, 나는 작은 성공과 실패를 경험해보았다고 할 수 있다.

　내가 경험한 성공사례 중 가장 소개할 만한 것은 최근에 '서학개미'로 인해 유명세를 탄 SPY와 QQQ ETF에서 발생한 수익이다. ETF는 10년 동안 꾸준한 우상향 그래프를 보여 왔으며 현재도 이 패턴을 지속적으로 유지 중인 상품이다. 그리고 내가 이 ETF와 연을 맺게 된 것은 《돈의 비밀》의 저자인 조병학 사장님을 만난 덕분이었다.

　2018년 7월 초의 일이다. 아직도 처음 ETF를 매입했을 때의 기억이 생생하다. 미국 주식시장이 열리는 시간에 맞춰 미리 환전을 해두고, 밤이 되기를 조마조마하게 기다리던 그 순간이 지금도 머릿속에 영화의 한 장면처럼 그려진다. 당시의 나는 조 부사장님의 특강에서 SPY와 QQQ에 대한 내용을 들은 뒤, 얼마 지나지 않아 곧장 SPY와 QQQ ETF를 매입했다. '동학개미'나 '서학개미'라는 말조차 없던 때였으니 굳이 비교를 해보자면 지금의 서학개미들보다 반 발짝 정도 앞선 개미라고 볼 수 있으리라. 아래의 그래프는 내가 두 차례에 걸쳐 SPY ETF를 매입한 시기와 매도한 시기를 나타낸 것이다.

SPY(SPDR S&P500) ETF 최근 3년간 차트

SPY ETF	2018년	2019년	2020년	2021년
가격 (7월초)	275	298	312	433
연평균 성장률		8%	5%	39%

출처: Yahoo Finance

나는 1차 매도에서 약 8%의 수익을 보았으며, 2차 매도에서 약 21%의 수익을 보았다. 그래프를 보면 알 수 있듯, 최근 3년(2018년 7월~ 2021년 7월) 동안 SPY ETF의 연평균 수익률은 약 16%이다. 이 정도 수익률은 시중의 펀드 상품 중에서도 괜찮다고 여겨지는 수익률(약 5~7%)을 가진 상품들보다 약 3배 정도 더 높은 수치다.

내가 ETF를 통해 수익을 올릴 수 있었던 것은 운이 따르기도 했지만(최적의 타이밍) 그보다도 스스로가 공부하고 계획하여 들어갔다는 것이 더 컸다고 생각한다. 그렇게 나는 1년 후, SPY ETF에 이어서 QQQ ETF를 매입했고, 약 1년 정도 유지했다가 매도하여 약 39%의 수익률을 실현해냈다. 이 역시 전혀 운이 따라주지 않았다고 할 수 없지만 기본적으로 내가 충분히 공부한 것을 바탕으로 투자했기에 가능한 일이었다. 또한 공부라는 노력을 통해 이루어낸 성공이었던 만큼 짜릿함과 재미 역시 매우 크게 느낄 수 있었다.

QQQ(Invesco QQQ Trust) ETF 최근 3년간 차트

QQQ ETF	2018년	2019년	2020년	2021년
가격 (7월초)	176	191	265	361
연평균 성장률		9%	39%	36%

출처: Yahoo Finance

많은 이들이 내가 SPY와 QQQ를 통해 높은 수익률을 경험했다고 말하면 놀라고 부러워한다. 그리고 감정적인 반응이 끝나고 나면 질문이 폭탄처럼 쏟아진다.

"ETF가 뭐야?"

"위험한 투자 아니야?"

"이것도 펀드라던데? 나 펀드로 폭삭 망한 적 있어!"

"도대체 SPY는 뭐고 QQQ는 뭐야?"

솔직하게 고백하자면 나는 ETF의 전문가가 아니기에 이들의 모든 질문에 답을 한다는 것이 불가능할 때가 많다. 그래서 나는 이들에게 조병학 사장님의 저서인《돈의 비밀》의 내용을 인용하는 것으로 설명을 대신하고는 한다. 이 책 역시 ETF를 깊이 있게 설명하고자 쓰인 책은 아니지만, 재테크의 개념으로 SPY나 QQQ와 같은 ETF를 이해하기 쉽게 설명하고 있기 때문이다. 무엇보다 앞서 이야기했듯 내가 직접 들었던 특강의 내용이 책 속에서 잘 정리되어 있기에 쏙쏙 머릿속에 들어왔던 책이기도 하다.

다음은《돈의 비밀》에서 말하는 ETF에 대한 내용이다.

상장지수 펀드(Exchange-Traded Fund, ETF),《돈의 비밀》 p.117-118

ETF는 성장하는 구조를 따라가도록 설계된 금융 공학 최고의 산물로, 1993년부터 본격적으로 운용되기 시작했다. 세계적으로 6,000개 이상이 있으며, 매년 400~500개가 신규로 상장된다.

ETF는 크게 세 번의 세대 변화를 거치면서 진화해 왔다. 1세대는 1993년 S&P500 지수를 추종하는 SPY를 비롯한 대표지수형 ETF가 주를 이루다 2003년부터 투자 대상을 다양화한 2세대 ETF가 등장했다. 2003년에는 채권형, 2004년에는 주식 섹터형, 2006년에는 원유 선물을 추종하는 원자재형 ETF가 차례로 등장했으며, 2009년 이후 등장한 3세대 ETF는 고배당주처럼 특정 성향의 주식만 골라서 편입하는 스마트 베타형과 수익률을 높이기 위해 종목별 투자 비중을 조정하는 액티브형이 등장했다. 또한 인공지능이 ETF를 분석해 자동 투자하는 ETF까지 등장하여 현재는 대부분 ETF의 운용 및 종목 비중 조절 등에 인공지능이 활용되고 있다.

상장지수펀드의 비율 구성과 운영, 《돈의 비밀》 p.119-123

그렇다면 ETF는 어떤 방식으로 지속해서 수익을 창출할 수 있는 걸까? 여기서 '매년 지속해서 수익을 창출'한다는 의미는 매년 수익을 낸다는 의미가 아니라, '편입된 종목들의 연평균성장률'을 의미한다. 따라서 세계 최상위 종목이라고 하더라도 세계적인 경제불황이나 코로나19 같은 급작스러운 사태를 피하지는 못한다. 그러나 이 모든 불확실성을 포함하더라도 S&P500을 기준으로 평균 5년 이상 투자한다면, 연평균 12% 내외의 성장이 90% 수준으로 달성된다. 이를 다르게 표현하면, SPY와 같은 ETF에 5년간 투자하면 매년 12%씩 성장해 76.23%의 수익을 올릴 수 있다는 의미이다. 이는 원금의 수익에도 다시 수익이 붙는 복리의 원리가 적용되기 때문이다. 2020년 한국의 은행 정기예금 금리 0.7%와 비교하면 정기예금은 5년 후

3.55% 수익이 전부다.

SPY는 스테이트 앤드 스트리트사에서 설정한 ETF 상품으로, 정식 명칭은 'SPDR S&P500 ETF'이다. 'SPDR'은 일명 스파이더라 불리며, 이는 곧 스테이트 앤드 스트리트사에서 설정했다는 의미로 S&P500 지수를 추종하는 ETF라는 것을 알 수 있다. 1993년 설정된 SPY는 2021년 11월 현재 총 506개 종목으로 구성되어 있으며, 운용수수료는 0.09%로 매우 저렴하다. 상위 10개 종목의 비중은 약 28%, 50개 종목의 비중은 50% 이상으로, IT와 헬스케어 종목의 비중이 크다. 총 관리자산은 2021년 11월 4일 기준으로 약 500조 원 이상이며, 하루 거래량은 약 66백만 주 이상이나 되어 주당 가격 467달러를 기준으로 거래대금을 환산하면 36조 원 수준이다. 2020년 한국 코스피 시장의 하루 거래대금 총액이 10~20조 원인 것과 비교하면 그 규모를 짐작할 수 있으리라.

SPY는 506개 종목의 시가총액 비중에 따라 해당 종목을 편입하는데, 보통 주식을 시장에서 매입하는 방식으로 투자된다. 각 종목의 시가총액이 매일 변화되므로, 특정한 시점마다 투자 비율을 조정하고 지수와 약간의 괴리가 발생하는 부분은 보정한다. 만약 종목이 506위를 유지하지 못하고 탈락할 시 새로 진입한 종목을 해당 비중으로 편입한다. 이런 구조에서는 개별기업의 실적에 대한 위험 또한 0에 가깝다고 볼 수 있다.

나스닥 종목으로 구성된 대표적인 ETF로는 1999년에 상장된 'Invesco QQQ Trust'가 있다. 일명 QQQ는 'NASDAQ 100'지수를 추종하도록 설계되어 있으며, 2021년 11월 5일 기준 금융주를 제외한 103개 종목으로 구성되어 있기에 성장성 중심의 IT 기업의 비중이 높다. 또한 각 종목의 시가총액 비중에 따라 자동분산되도록 설계되어 비중이 높은 종목에 더 많이 투자되고 더 크게 영향을 받는다. 여기에 시가총액의 변화에 따라 비중을 정기적으로 조정하고, 시가총액이 103위 아래로 떨어질 시 편입 종목에서 제외하며, 새로 진입한 종목을 편입한다. 2021년 11월을 기준으로, 마이크로소프트 10.75%, 애플 10.72%, 아마존 7.34%, 테슬라 6.44%, 엔비디아 4.33%, 등 상위 10개 종목의 비율이 약 55% 가까이 된다. 따라서 최근 기술혁명이 폭발하는 시점에 이들의 성장성은 더욱 부각되어 연평균 15%에 가까운 수익률을 실현해주고 있다.

모든 재화는 대개 수요와 공급으로 가격이 결정된다. 주식이나 ETF도 마찬가지다. 만약 공급이 일정한데 수요가 계속 증가하면 계속 오를 수밖에 없다. 나스닥에 상장된 마이크로소프트, 애플, 아마존은 각 종목에 직접 투자하는 투자금 외에 SPY나 QQQ를 통해 투자되는 자금, IT 종목으로 구성된 ETF를 통해 투자되는 자금 등 전방위로 투자가 증가한다. 이렇게 최고의 시장에서 최고의 기업에 승자독식의 무대가 만들어지는 것이다.

세금과 운용보수, 매매의 함정, 《돈의 비밀》 p.126-129

ETF에 투자하는 투자자는 운용되는 ETF 자산의 크기와 운용보수 등을 신중하게 고려해야 한다. 특히 중요한 것은 운용보수다. 한국 시장에서 ETF 운용보수는 연평균 0.36% 수준으로, 경쟁이 치열하고 자산규모가 거대한 미국의 연평균 0.2% 수준보다 높다. 반면에 SPY의 운용보수 0.09%는 미국 ETF 운용보수 평균의 절반에도 미치지 않는 아주 저렴한 수준이다.

운용보수가 중요한 것은 전체 자산에서 운용보수가 차지하는 비중이 커질수록 앞에서 설명한 복리 효과가 감소하기 때문이다. 해외 ETF는 해외 주식으로 분류되어 해외 주식과 세금체계가 같다. 소득 250만 원까지는 기본적으로 공제해주고, 초과분에 대해서는 양도세 20%와 지방세 2%를 더해 22%의 세금이 부과되며, 배당소득에 대해서는 15.4%의 세금이 매겨진다. 다만 수익과 손실을 합산하여 세금이 매겨지므로 실질 수익에 관해서만 과세한다고 보면 된다. 따라서 매매는 세금 그리고 수익과 직결된다는 사실을 기억해야 한다.

나의 재테크 흑역사 Story

　앞선 파트가 나의 재테크 성공사례였다면 이번 파트는 나의 재테크 실패담, 즉 흑역사에 대한 이야기다. 재테크를 통해 언제나 수익만 낼 수 있다면 참 좋겠지만 이는 불가능에 가까운 일이다. 신이 아니고서야 어찌 100%의 성공이 가능하겠는가. 나 역시 이를 잘 알고 있기에 실패 역시 차라리 시원하게 인정하는 자세를 가지려 노력 중이다. 물론 수익과 손실이 언제나 공존한다는 것을 인정하더라도 우리는 수익을 위해 노력해야 한다. 인간인 이상 이를 기대하고 노력하는 것은 너무나 당연한 일이기 때문이다. 그러니 우리가 재테크를 하며 가져야 할 마음가짐은 손실을 제로로 만들겠다는 것이 아니라 손실을 최소화하겠다는 마음이 아닐까. 이를 위해 가장 좋은 배움은 바로 경험을 통한 배움이다. 그래서 나 역시 나의 부끄러운 흑역사를 공개함으로써 지금 이 글을 보고 있는 이들에게 간접적으로나마 경험을 전하고자 한다.

신혼 초 생애 첫 집, 재건축 호재가 있다고 덥석 매매했던 아파트

나는 2006년에 결혼하여 2008년에 첫 집을 구매했다. 지금과는 비교하기 힘들지만, 당시에도 아파트 가격이 미쳤다는 뉴스가 연일 나오던 시기였다. 재건축 역시 지금과 마찬가지로 부동산의 뜨거운 주제였다. 오래된 아파트마다 안전진단이니 조합설립이니 하는 문구가 쓰인 플래카드들을 달고 있었으니 무슨 말이 더 필요하겠는가. 이런 분위기 속에서 우리 부부에게 첫 아이가 태어났다. 때문에 '보금자리 확보하기'는 우리 부부의 가장 우선순위로 매겨져 있었다. 문제는 그 당시 우리 부부가 집이나 부동산에 대해 알고 있는 것이 전무했다는 것이다. 우리가 알고 있는 거라곤 막연하게 주변에서 주워듣던 정보들과 '생애 첫 집을 사는 일은 신중해야 한다'라는 것이 전부였다.

'아이 육아를 위해 처가와 가까운 곳으로' '기왕이면 재건축 기회가 있는 아파트로' '근처에 초등학교가 있는 곳으로'가 우리 부부가 따지던 조건이었지만 이 조건을 만족하는 괜찮은 아파트들은 당연하게도 이미 높은 가격을 형성하고 있었다. 당장 가격도 문제였지만 우리 부부가 더 크게 걱정했던 건 혹시라도 나중에 '집값이 떨어지면 어떡하나' 하는 것이었다. 결국 고민 끝에 우리는 '안정적인 보금자리를 확보해야 한다'는 것에 뜻을 모아 집을 계약했다. 요즘 말을 빌리자면 '영끌영혼까지 끌어모아'하여 계약한 우리의 첫 집이었다.

그리고 우리 부부의 걱정은 현실이 되었다. 정말로 아파트의 가격이 2008년도 하반기에 정점을 찍더니 점점 하락하기 시작한 것이다.

처음 집을 계약할 때만 하더라도 우리 부부의 계획은 이 집에서 실제로 거주하는 것이 목적이었다. 그러나 전체 자금을 마련하기가 힘들어져 어쩔 수 없이 전세로 내놓게 되었다. 재건축 얘기가 나올 정도로 오래된 아파트였기에 실제 매매 가격과 전셋값에는 큰 차이가 있었고, 이를 감당하기 위한 금융비용 때문에 허덕이게 되었다. 그렇게 우리 가족은 돈이 없어 한동안 처가로 들어가 좁은 집에 살아야만 했다. 표면상의 이유는 첫째와 둘째 아이의 육아였지만 실상은 경제적인 이유 때문인 것이 사실이었다.

시간이 흐르면서 전셋값이 높아지고 금리는 낮아져 금융비용에 대한 부담은 줄어들었지만 목돈이 묶이게 된 탓에 다른 좋은 투자 기회들을 많이 놓칠 수밖에 없었다. 그리고 몇 년 전, 마침내 우리 부부는 10년을 유지해오던 아파트를 별 수익 없이 매도하게 되었다. 금방 될 것이라 믿었던 재건축은 지금도 진행되지 않고 있다. 오죽하면 우리 부부가 아직도 "정말 저 아파트가 재건축이 되는지 안 되는지 지켜보자."라며 진담 반 농담 반인 말을 주고받겠는가. 우리 부부는 이 일을 통해 아파트 재건축이라는 호재는 아파트를 사는 사람의 세대에서는 누릴 수 있는 기회가 아니라는 교훈을 얻을 수 있었다.

생애 첫 집을 계약하는 것만큼 가슴 떨리고 기분 좋은 일도 드물다. 그러나 집을 산다는 것은 그 기분만 가지고 할 일은 아니었다. 어찌 보면 인생에서 가장 크게 돈을 써보는 첫 번째 순간이 되는 일인 만큼 계획을 세워 진행해야 한다. 그러니 아직 첫 집을 계약하지 않았거나 계약할 예정인 사람이라면, 반드시 갖고 있는 현금과 자금 동원력 등을 철저하게 분석하여 계획을 세우기를 권한다. 플랜A가 잘못되었을 때를 대비한 플랜B의 준비 역시 필수다.

개인적으로는 이 경험에 대해 매우 감사하고 있다. 집 자체는 우리에게 별 수익을 가져다주지 못했으나, 오히려 처갓집에서 살게 되었던 것이 새옹지마가 되어 우리 부부에게 종잣돈을 모을 기회가 되어주었기 때문이다.

지인의 소개로 매매했던, 전혀 모르는 지역의 다세대 주택

두 번째 흑역사는 다세대 주택이다. 어느 날, 부동산 중개를 전문으로 하는 지인으로부터 전화가 왔다. 염창동에 좋은 물건이 나왔는데 거래하지 않겠냐는 내용의 전화였다. 제안을 들은 내가 "염창동을 들어본 적은 있지만 서울 어디에 있는지는 잘 모르겠다."라고 답하자, 그는 염창동에 대해 소개하기 시작했다.

"상암동에 직장인들이 많이 사는데, 그곳과 염창동이 연결되는 월드컵대교가 곧 건설된다."

"요즘 마곡지구가 개발 중인데, 이곳에서 출퇴근을 할 수 있어 젊은 직장인들이 많다."

"염창역이랑 가까운데, 염창역은 9호선 급행열차 정차역이다."

"초등학교와 100m도 안 되는 거리에 있는 집이어서 젊은 신혼부부한테 세가 잘 나간다."

들고 있자니 구구절절 좋은 집임이 틀림없어 보였다. 게다가 이런 내 마음에 화룡점정을 찍듯, 지인은 "전세를 끼고 몇 천만 있으면 살 수 있는 집."이라는 말을 덧붙였다. 어차피 내가 실제 입주할 집이 아니라는 것을 알았기에 소위 말하는 갭투자를 권한 것이다. '갭투자로 나도 부자가 되는 건가?'라는 생각이 들자 머릿속으로 상상의 나래가 펼쳐졌다. 그렇게 나는 지인의 말만 듣고 계약을 진행했다. 그리고 현재, 나는 얼마 전까지 그 집을 내가 샀다는 사실조차 잊은 채 살아왔다. 염창동의 집을 내가 샀다는 것을 기억하게 되는 순간은 가끔 세입자로부터 화장실 물이 샌다는 전화를 받을 때가 아니면 재산세 고지서를 받을 때가 전부였기 때문이다. 구입한 지 4년 즈음이 되었음에도 집값이 오르기는커녕 오히려 더 떨어지기에 나는 결국 부동산 몇 군데에 집을 내놓게 되었다. 그리고 이때, 몰랐던 사실 몇 가지를 알게 되었다.

부동산 사장님에게 "인테리어를 좋게 해서 내놓으면 좀 비싸게 팔 수 있을까요?"라고 묻자 그는 "집 주변 동네의 경제력을 고려해보면 시세보다 몇백만 원이라도 낮춰야 계약이 될 것 같은데요."라고 답하는 것이 아닌가? 대놓고 "무슨 말도 안 되는 소리세요?"라고 한 건 아니었지만 비싸게 팔 생각은 꿈도 꾸지 말라는 말이나 다름없었다. 게다가 추가로 아래와 같은 팁 아닌 팁도 덧붙이는 게 아닌가?

"다세대 주택에서 신축 기간은 오래가지 못합니다. 쉽게 말하면 준공된 지 1년 된 다세대도 옆에 신축이 생기면 즉각 오래된 집 취급을 받게 된다는 거죠."

"신축 다세대 주택 가격은 주변 시세에 약 2,000만 원 정도를 더하는 게 거의 공식이에요."

결국 나는 사장님의 조언대로 500만 원을 더 낮춰서야 집을 팔 수 있었다. 세금, 행정비용, 금융비용과 기회비용까지 다 합치면 엄청난 손실을 본 셈이었다. 해당 흑역사는 그나마 정부의 다주택자에 대한 강력 규제가 이루어지기 전에 끝을 봤다는 것을 위안으로 삼고 있다. 조금만 늦게 처분했더라면 세금폭탄을 맞을 뻔한 물건이었으니 말이다. 그리고 이때의 경험을 통해 나는 아래와 같은 몇 가지 교훈을 얻을 수 있었다.

① 아무리 좋은 부동산 거래 기회가 있어도 내 주요 동선에서 차로 30분 넘어가면 쳐다보지 마라. 큰 목돈이 들어갔다는 것과는 별개로 거리가 멀면 그만큼 내 기억 속에서도 멀어질 수 있다. 수시로 관리가 가능하도록 가까운 거리에 있어야 한다.

② 진짜 중요한 정보는 인터넷 검색창을 뒤져서는 절대 나오지 않는다. 그 동네에 대한 결정적인 정보는 동네 부동산 사장님이나 동네 사람들한테서 나온다. 관심 있는 동네가 있다면 직접 가서 확인하라. 이것이 진정한 발품이다.

③ 세법을 공부해라. 일반적으로 주택 매매 전후에는 복잡한 세금 계산이 수반된다. 그러나 이를 위해 전문 세무사를 활용하기란 쉽지 않다. 직접 공부해서 세무적인 지식을 갖춰 놓지 않으면 기껏 재테크를 통해 번 수익을 세금으로 다 내놓게 되는 일이 벌어질 수 있다. 특히나 요즘처럼 주택과 세금이 복잡하게 연계된 시대라면 더더욱 이에 대한 공부는 필수다.

주식 수익, 한 번의 재수가 큰 독이 된다

앞선 파트에서 나는 '빚'을 '레버리지'라며 종잣돈이 잘 자라게 해주는 영양분으로 빗대어 설명했다. 개인적인 경험에 비추어 볼 때, 건전한 빚은 재산 증식에 큰 도움이 되었기 때문이다. 그렇다면 주식은 어떨까? 마지막 세 번째 사례로는 주식과 관련된 흑역사를 풀어보고자 한다.

신혼 초, 우리 부부에게는 암묵적인 합의 하나가 있었다. 그건 바로 주식만큼은 절대로 하지 말자는 것이었다. 둘 다 주식에는 완전히 문외한이었기 때문이다. 그러나 시간이 흘러 한창 KOSPI가 올라가던 무렵이 되자, 우리는 주변 지인들이 주식으로 많은 돈을 벌었다는 소리를 듣게 되었다. 주식으로 돈 벌었다는 소리를 하는 사람이 한둘이 아니었기에 우리 역시 누가 먼저랄 것 없이 주식에 입문하자는 것에 서로 동의를 했다.

우리 부부는 그렇게 주식을 시작했지만 공부를 한 적이 없었기에 어디에 어떻게 투자를 해야 하는지 전혀 몰랐다. 자연스럽게 우리의 첫 주식은 아내의 지인이 추천해준 종목이 되었다. 그런데 이게 무슨 일인가? 초심자의 행운이라도 깃든 것인지 첫 주식 투자가 수익률 60%의 대박을 안겨주는 것이 아닌가?! 아내와 나는 "역시, 우리는 주식 체질이었어!"라며, 소소한 파티까지 열어 우리의 첫 수익을 자축했다. 첫 투자로 큰 수익을 본 우리는 다음 단기투자 역시 성공하겠다는 마음으로 주변 사람들이 털어놓는 정보에 귀를 기울였다. 그러나 우리의 투자는 마음처럼 되지 못했다. 직장인인 이상 수시로 주식 상황을 보고 있을 수 없었기에 추천종목을 사야 할 타이밍과 팔아야 할 타이밍을 자꾸만 놓치게 되었던 것이다. 하지만 우리는 처음에 큰 수익을 보았던 것을 생각하며 조금씩 발생하는 손실을 대수롭지 않게 여겼다. 그리고 마침내 폭망의 순간이 찾아왔다. 고등학교 동창이 정말 솔깃한 정보라며 알려준 종목에 크게 투자한 것이 완전히 실패한 것이다. 결국 몇 년이 지나도 오르지 않는 잘못된 투자로 인해 우리 부부는 40% 이상의 손실을 보게 되었다.

시간이 많이 흐른 지금, 생각해보면 적은 돈도 아껴 쓰는 습관을 가진 우리가 왜 그런 투자를 했는지 의문이다. 정말 뭐에 홀리기라도 했던 게 아닌가 싶을 만큼 이해가 되지 않는 투자였다. 그리고 지금은 확실하게 안다. 주식을 통해 일정 수익을 창출하는 사람들은 끊임없이 공부를 해온 이들이라는 것을 말이다. 그들은 거시경제, 미시경제, 해당 회사의 비전 등 많은 정보들을 바탕으로 투자를 결정한다. 결코 지난날의 우리 부부처럼 한 번의 운으로 벌어들인 수익을 바탕으로 '투기 같은 투자'를 하지 않는다.

이 경험을 바탕으로 나는 운 좋게 벌게 된 돈이 얼마나 독이 될 수 있는지를 깨달았다. 스스로 공부해서 알게 된 지식이 아닌 팔랑귀로 얻게 된 지식은 절대 제대로 된 수익을 만들어낼 수 없었던 것이다. 나는 이 경험을 바탕으로 최근 주식 공부를 시작했다. 그리고 공부해 나가는 만큼 조금씩 투자하여 주식의 재미를 알아가는 중이다.

Part **5**

본격적인
이중생활
나 별장 있는
부장이야

평생을 외국여행으로 보내는 사람들은 비록 많은
환대의 자리를 얻을 수는 있겠지만 참되고 두려운
우정의 자리는 얻지 못한다는 것을 알 것이다.

지구라는 행성에서
땅 한 조각 소유하기

　드라마나 영화에서 잘 꾸며진 정원과 깔끔하게 지어진 집들을 볼 때면 '나도 저런 공간을 가지면 얼마나 좋을까?' 상상하곤 했다. 중요한 건 단순히 소유하는 것이 아니라 직접 나만의 집을 만들고 싶다는 것이었다. 나는 한 땀 한 땀 직접 나만의 집을 만드는 과정을 밟아 그곳에서 즐겁게 지내고 싶었다. 이 모든 것을 상상하는 것만으로도 너무너무 행복했다. 그리고 마침내, 나는 이 상상을 이루지 못할 로망으로 던져 놓을 것이 아니라 행동으로 나서봐야겠다고 결심했다. 그렇게 상상을 현실로 이루기 위한 첫 단계, '집 지을 땅 찾기'가 시작되었다.

　마음속에 '꼭 땅을 사겠다'라는 씨앗을 심자 땅을 보는 나의 관점이 달라졌다. 교외에 드라이브하면서도 '저 땅은 어떨까?' 생각해보고, 가까운 펜션이나 리조트에 가족들과 여행을 갈 때도 '이 근처 위치가 참 좋네.' 하며 지형을 분석하게 되었다. 그리고 현재, 결과적으로 내가 산 땅은 매우 성공적인 선택이었다. 무엇보다 이 결과가 뿌듯한 것은 이 땅을 사기 위해 내가 들인 고민과 분석, 그리고 노력이 큰 역할을 했기 때문이다. 따라서 이번 파트에서는 나처럼 '나만의 공간'을 직접 지을 땅을 찾는 사람들을 위한 '땅 고르기 팁'을 몇 가지 공유해보고자 한다.

땅 고르기 팁

첫째, 차로 1시간 이내에 이동할 수 있어야 한다.

아무리 산 좋고, 물 좋은 아름다운 곳일지라도 내가 사는 곳에서 이동할 때 많은 시간이 소요되면 정작 도착하기도 전에 몸과 마음이 지쳐버릴 수 있다. 이런 일이 반복되면 즐거움보다 의무감이 커져서 결국에는 애물단지로 전락할 수 있으므로, 나만의 공간을 짓고 제대로 누리기 위한 땅은 언제든지 내가 마음만 먹으면 갈 수 있는 거리에 있어야 한다. 경험상 덧붙여 말하자면 거주지에서 차로 1시간 이내 또는 약 40~50km 정도의 거리가 적당하다.

둘째, 내가 원하는 땅이 '국토의 계획 및 이용에 관한 법률'상 어떤 지역인지 확인한다.

'내가 원하는 땅에 집을 지을 수 있을까?' '최대 규모는 어느 정도까지 허용될까?' 등 대략적인 정보를 알고 시작하면 좀 더 효율적으로 후보지를 선택할 수 있다. 다양한 웹사이트들을 통해 정보를 확인할 수 있지만 가장 신뢰성 있는 정보를 얻을 수 있는 곳은 국가가 직접 운영하는 사이트이다(예: 〈토지이음〉 https://www.eum.go.kr). 내용을 보면 다소 어렵고 복잡하다고 생각할 수 있지만, 최소한 땅을 사겠다는 결심을 했다면 꼭 필요한 용어와 개념은 이해하기를 권하고 싶다. 그래야 나중에 전문가로부터 실질적인 도움을 받을 수 있기 때문이다.

일단 가장 기초적인 사항, 즉 원하는 땅이 어느 관리지역인지를 확인할 수만 있어도 절반은 성공한 것이다. 관리지역은 보전관리지역, 생산관리지역 및 계획관리지역으로 나뉘는데, 계획관리지역이 같은 면적 대비 집을 짓는 데 가장 유리한 지역이다.

내가 원하는 땅의 지번을 알고 있다면 '토지이음' 사이트가 특히 도움이 될 것이다. 만약 주소를 모르는 땅에 대한 정보를 알고 싶다면, 이때는 한국국토정보공사에서 운영하는 '랜드-i' 앱을 이용하면 위치 기반 서비스를 통해 해당 토지 정보를 알 수 있다.

셋째, 나와 딱 맞는 땅을 얻기 위해 최소 사계절은 지켜봐야 한다.
옛 조상들이 풍수지리를 따져보며 땅을 정했다는 것은 잘 알려진 사실이다. 그리고 정말로 좋은 땅을 선택하기 위해 반드시 고려해야 할 사항이 바로 이 풍수지리다. 문자 그대로 내가 원하는 땅에서 어느 정도의 바람의 세기로 어떤 방향으로 흐르는지 알아야 하는 것이다. 이는 집을 설계할 때, 바람의 조건에 맞춰 창문의 위치와 방향 등을 정하는 데에 있어 필수적이다. 바람뿐만 아니라 물 역시 필수적으로 알아보아야 한다. 비가 보통 때에는 어느 정도 오고 장마철에는 어느 정도 오는지, 또 빗물이 어떻게 흘러 배수되는지 등에 대해서도 알아야 한다. 또한 주변이 농사를 많이 짓는 지역이거나 농공단지 등이 있는 곳이라면 악취의 유무 역시 미리 알아두어야 한다. 정기적으로 작물에 뿌려지는 거름 냄새는 참을 수 없을 정도로 불쾌할 수 있기 때문이다. 근처 슈퍼마켓이나 부동산, 식당 등에 일부러 들러서 생활하고 있는 주민들의 성향을 알아보는 것도 중요하다. 오랫동안 터를 내리고 산 원주민이 많은 지역일수록 다른 지역에서 유입된 사람들에 대한 배타성 때문에 갈등을 경험하게 된다고 한다.

이처럼 여러 가지 정보를 알기 위해서는 선택하고자 하는 지역을 최소 사계절 정도 유심히 관찰해야만 가능하다. "땅은 그 땅의 주인과 인연이 있어야 한다."라는 말이 있다. 진짜 나와 딱 맞는 인연이 연결되는 땅을 찾기 위해서는 그만큼 정성과 노력이 필요하다.

넷째, 도로보다 위에 있는 땅이 좋다.

내가 땅이 도로보다 위에 있는 것이 좋다는 사실을 깨달은 것은 실제로 집을 짓는 과정에서였다. 땅을 보러 다닐 때만 하더라도 도로 위에 차를 주차해두고 한눈에 땅을 내려다보는 것이 좋았다. 그러나 집을 짓기 위해 설계를 하다 보니 그 과정에서 몰랐던 사실들을 알게 되었다. 도로보다 낮은 집의 1층은 도로에서 볼 때, 지하층이 된다. 이를 피하기 위해서는 도로 높이만큼 성토하고 옹벽공사를 해야 하는데, 건축비용과는 별도의 토목비용이 발생하게 된다. 보통 건축 시공사에서는 본인들이 토목공사를 하지 않기 때문에 시공견적서에 토목비용은 포함하지 않는다. 이 때문에 건축주로서는 전혀 고려하지 않았던 뜻밖의 비용이 발생하여 건축 예산관리에 문제가 생길 수 있는 것이다. 반면에 도로보다 땅이 위에 있다면, 건축 후 도로에서 집을 올려다보게 되어 집이 더욱 돋보일 수 있다. 그러니 이 요소 역시 미리 잘 체크하여 당황스러운 상황을 대비하도록 하자.

다섯째, 지번 경계가 분명하게 구분된 100~150평 내외의 땅을 구매하는 것이 좋다.

보통 산지 개발 전문 부동산을 통해 땅을 알아보는 경우, 넓은 임야를 소개받는 경우가 많다. 그리고 그들은 "일단 넓은 땅을 다른 사람들과 공동으로 소유하고, 나중에 지번을 쪼갤 수 있다."라고 설명한다. 따라서 땅을 잘 모르는 사람의 경우 실제로 이런 땅이 시세보다 저렴하다 보니 깊은 생각 없이 덥석 계약하게 될 수 있다. 하지만 이런 땅은 정말 조심해야 하는 땅이다. 추가적인 토목공사 및 행정 기관에 허가승인 진행에 많은 시간과 비용이 발생할 가능성이 크기 때문이다. 그러니 될 수 있으면 땅값이 약간 비싸더라도 경계가 명백하게 구분된, 단독 부지를 구매하는 것이 좋다. 혹시라도 주변 시세보다 저렴한 땅을 소개받았다면 보이지 않는 문제가 있을지도 모르니 반드시 믿을 만한 전문가와 상의하여 구매를 진행하길 권한다.

또 하나 이야기하고 싶은 것은 스스로 감당할 수 있는 규모의 땅을 구매하는 것이 좋다는 것이다. 개인적인 경험을 바탕으로 얘기하자면 약 100~150평 정도가 집과 정원, 그리고 소소한 텃밭이 있는 아담한 집을 짓기에는 최적의 규모라 생각한다. 더 큰 규모의 땅을 사게 되면 그만큼 집과 정원도 커지게 되어, 시간이 흐른 뒤에는 유지 관리에 대한 부담만 커지게 될 수 있다. 규모가 적당한 집의 경우, 혹시라도 집을 팔 때 큰 규모의 집보다 거래가 더 쉽다는 것 역시 장점이다.

이처럼 나는 다양한 조건들을 고민하며 땅을 선택하기 위해 공을 들였고, 그렇게 땅을 계약하고 나니 "드디어 지구라는 행성에 내 이름으로 된 땅 한 조각을 갖게 되었구나." 하는 특별한 감동이 밀려오는 것을 체험할 수 있었다. 또한 상상만 했던 땅을 갖게 되었으니 이제 머지않아 별장을 세워야겠다는 목표 역시 앞당길 수 있었다. 지금도 그 당시를 생각하면 얼굴에 미소가 머금어진다. 그만큼 나만의 땅을 사고 나만의 공간을 짓고자 했던 그 순간이 행복했던 것이리라.

가슴 설레는 설계와
공부가 필요한 시공

요즘에는 건축주가 직접 지은 예쁘고 개성 넘치는 주택들을 매우 쉽게 발견할 수 있다. 도심을 조금만 벗어나도 얼마든지 이런 집들을 찾을 수 있으며, 전원주택 전문 개발 회사가 분양한 소위 '복붙복 사하여 붙이기'식 주택들이 하나의 단지를 이루고 있는 곳도 의외로 많다. 사실 이중생활을 위한 아지트라는 관점에서는 어느 쪽이든 크게 상관은 없다. 그러나 나는 직접 설계와 시공을 경험하면서 온몸으로 재미를 느껴보기를 원했기 때문에 전자를 선택했다. '이 재밌는 것을 어떻게 남한테 줄 수 있단 말인가?'라고 생각한 것이다.

건축은 그야말로 가장 비싼 '내돈내산'의 정점이다. 내가 직접 짓는 별장은 한마디로 내 인생에서 해볼 수 있는 굉장히 비싼 나의 창작물이자 작품인 것이다. 나는 진짜 나를 발견한 이후 '나만을 위한 것' '나만의 개성' '내가 직접'과 같은 키워드를 많이 생각했다. 이러한 생각들이 내가 설계와 건축을 직접 해야겠다고 결심하게 만든 것 같다. 사실 우리가 딱히 신경을 쓰지 않아 모를 뿐, 한 발짝 물러나 보면 우리의 가장 기본적인 삶은 누군가가 만들어 놓은 것들로 가득하다. 의식주 전반에 걸쳐 나의 개성과는 상관없이 누군가 만들어 놓은 보편적이고 획일화된 공산품 속에서 살아가고 있는 것이다. 때문에 나는 더더욱 나의 철학과 개성이 잘 표현될 수 있는 집을 짓고 싶었다.

땅을 산 이후, 나는 한동안 집을 지을 상상에 들떠 도저히 가슴을 진정시킬 수가 없었다. 나는 서점에 가면 건축 분야 코너에서 시간 가는 줄 모르고 책을 들여다보았다. 원래는 자기계발 코너에서만 시간을 보냈던 내가 말이다. 그렇게 건축을 위해 참고했던 수많은 책 가운데 가장 기억이 남는 책이 바로 《집짓기 바이블》이다. 이 책은 집을 왜 짓는지, 어떻게 설계해야 하는지, 시공할 때 필요한 것이 무엇인지 등 건축 과정의 전체적인 흐름을 이해하는 데에 있어 큰 도움이 되었다. 이처럼 나는 건축에 대해 잘 아는 사람이 아니었다(물론 지금도 건축 전문가와는 거리가 멀다). 하지만 분명 나처럼 건축을 모름에도 자기만의 건축물을 갖고 싶은 사람은 많을 것이다. 그러므로 이번 파트에서는 건축의 '건'자도 몰랐던 나의 경험을 바탕으로 도움이 될 만한 이야기들을 해보려 한다.

건축의 단계

첫 단계, 설계

머릿속에서 꿈꾸는 집이 실체적으로 얼마나 세세하게 잘 구현되느냐가 모두 '설계' 단계에서 결정이 난다. 집을 짓는 데에 있어 '설계'만큼이나 재밌는 단계는 없다. 내가 생각하는 집을 이렇게도 해보고 저렇게도 바꿔보니 재미가 없을 수가 없는 것이다. 나 역시 내가 짓고자 하는 집을 설계해보는 그 자체가 너무나 즐거운 힐링이자 인생의 새로운 기쁨이었다. 나는 설계에 약 1년 정도의 시간을 들였는데, 나만의 집을 짓는 과정 중 제일 재밌었던 단계였다. 그리고 이 단계에서 내 머릿속에 있는 꿈과 철학을 끄집어내 주는 역할을 하신 분이 바로 건축사님이다. 나는 이 시간을 통해 내 머릿속에 있는 추상적인 생각을 설계도에 옮겨주는, 역량이 뛰어나면서도 소통이 잘되는 전문 건축사님을 만나는 것이 이 단계에서는 무엇보다 중요하다는 걸 알 수 있었다.

두 번째 단계, 승인 요청

설계가 끝나면 다음 단계인 '승인 요청'으로 넘어간다. 관련 기관에 건축허가 및 개발행위^{토목공사} 승인을 요청하는 것이다. 인허가 승인은 주로 건축사무소에서 맡아 대리로 진행해주는데, 이 단계는 공무원의 일반적인 요구사항 및 특이사항에 대한 자료요청이 있을 수 있다. 행정적 대응을 잘하면 상황에 따라 약 3~6개월 이내에 건축에 필요한 모든 승인을 받을 수 있다.

세 번째 단계, 시공

설계도 끝났고 인허가 승인도 받았다면 드디어 실제 공사에 들어가게 된다. 이 단계를 '시공'이라 부른다. 처음 집을 지어보는 사람들의 경우, 아파트에만 익숙한 나머지 시공사를 먼저 찾아가 설계와 시공을 한 번에 맡기는 경우가 더러 있다. 하지만 제대로 된 집을 건축하기 위해서는 설계와 시공은 반드시 분리되어야 한다. 만약 시공사를 먼저 찾아간 경우라면 시공사의 주도에 의해 인허가만을 위한 형식적인 설계를 진행하게 된다. 그러면 나중에 제대로 시공했는지 감리할 때 시공상 문제가 생겨도 시공사의 잘못을 주장할 근거가 불분명하므로 억울한 일이 발생할 수 있다.

건축 추진을 결심한 사람이 시공사와 컨택할 수 있는 가장 쉬운 방법은 건축박람회에 가보는 것이다. 박람회에 가보면 많은 시공사가 홍보를 위해 참여하고 있다. 이들은 주로 'OO하우징'이라는 회사명을 사용하며, 견본 주택 몇 개를 보여주고 본인들의 시공 경험을 자랑한다. 여기서 예비 건축주들의 주의가 필요하다. 상당수 시공사가 계약 즉시 하도급으로 공사를 넘기는 경우가 있기 때문이다.

따라서 계약을 맺는 시공사가 곧장 하도급으로 넘기는지 아닌지를 꼼꼼히 살펴야 한다. 회사의 명성에 걸맞게 직접 시공하는 회사와 하도급으로 넘기는 회사는 집 짓는 퀄리티에서 분명한 차이를 보이기 때문이다.

집은 건축주의 실력에 따라 가치가 결정된다

집의 퀄리티는 건축주의 실력에 따라 일정 부분 높아질 수 있다. 때문에 설계나 시공 모두 어느 정도의 공부가 필요하다. 특히나 시공의 경우, 시공사와 대등하게 협의하여 결정할 수준만큼의 공부가 필수적이다. 나 역시 이 공부를 위해 인터넷 카페에서 목조주택 및 소형주택 관련 카페를 몇 군데 찾아 가입했다. 그리고 그중에서 '브랜드하우징'이라는 시공사 대표님이 직접 운영하는 '문팀장의 목조주택 이야기https://cafe.naver.com/metalwood'로부터 많은 도움을 받았다. 카페 대부분이 그렇듯 가입 후, 일정한 조건이 충족되어야 더 많은 정보에 접근할 수 있다. 이 카페의 특징은 '브랜드하우징'에서 시공을 하면 '건축주 레벨'을 부여받는 것인데, 이 레벨은 건축 현황이 사진으로 바로바로 업로드되어 이를 모니터링할 수 있는 권한을 부여받는다. 또한 다른 회원들의 건축 현황도 보며 댓글로 의견을 줄 수도 있다. 한마디로 기존 건축주들이 신규 건축되는 집의 시공 현황을 지켜보며, 잘못된 부분이 있으면 코멘트할 수 있다는 의미이다. 나는 이 부분에서 실제적인 공부가 많이 되었다.

시공사가 투명하게 공사 현황을 공개하고 사후적으로도 AS를 잘 해주기에 이 시공사를 통한 건축주의 만족도는 꽤 높은 편이다. "건축하다 보면 10년을 늙는다"는 이야기는 주로 시공사 잘못 만나서 혹독한 경험을 한 사람들로부터 나오게 되는 이야기다. 내 경험상 조언하건대, 건축 자재에 대한 세부 견적을 건축주에게 제공하지 않고 평당 얼마에 다 지을 수 있다고 당당하게 말하는 시공사는 정말로 주의해야 한다. 반면, 건축 과정이 예측 가능하면서도 문의 사항에 대해 두루뭉술하지 않고, 투명하게 잘 설명해주는 시공사라면 좋은 시공사일 가능성이 높다. 한마디로 잘못했을 때 잃을 것이 많은 시공사일수록 좋은 시공사일 확률이 높다는 것이다.

최근 교외에 지어진 예쁜 전원주택을 소개하거나 건축주가 어떤 철학으로 집을 지었는지 소개해주는 방송을 즐겨보고 있다. MBC의 〈구해줘 홈즈〉, JTBC의 〈서울엔 우리집이 없다〉, EBS의 〈건축탐구-집〉이 대표적인 프로그램들인데, 이런 프로그램을 보면서 불과 4년 전에 설레는 마음으로 설계를 시작했던 나의 모습과 건축하는 과정에서 누렸던 즐거움을 떠올리는 것이 너무 즐겁다.

실제로 처음부터 끝까지 집을 지어본 사람으로서 나는 나의 집짓기 타이밍이 얼마나 좋았는지를 새삼 느낀다. 만약 은퇴 이후에 집 짓기를 시작했다면, 이 어마어마한 것을 감당할 에너지가 부족했을지 모른다. 에너지가 충만할 때 나만의 아지트이자 나만의 별장을 지어서 누릴 수 있게 된 것이 너무나 즐겁고 행복하다. 혹시라도 당신이 막연한 로망으로 '은퇴 이후에 집 짓고 잘 놀아야지!'라는 생각을 하고 있다면 그 로망의 실현을 무조건 은퇴 전에 하기를 권하고 싶다. 물론, 지금 당장이면 더욱 좋다.

스마트한 아지트 관리

아지트 이용은 주로 주말과 공휴일에 가족이나 지인들과 함께 할 때가 많지만 가끔은 나만의 시간을 갖고 싶을 때 주중 휴가를 내고 이용하기도 한다. 그럴 때면 글을 쓰거나 영화를 즐기며 나만의 시간을 보낸다. 이 외에도 해가 긴 여름에는 퇴근하자마자 아지트로 달려와 텃밭을 가꾸고, 또 잔디를 깎을 때도 있다. 이처럼 아지트를 유용하게 즐기는 것만큼 중요한 것은 바로 '관리하기'이다. 사람들이 선뜻 전원주택 생활을 할 수 없는 첫 번째 이유가 관리라는 말이 있을 정도로 집을 관리한다는 것은 보통 일이 아니다. 나 역시 아지트를 완성한 뒤 이곳을 효율적으로 관리하기 위한 방법을 찾아야 했다. 아지트는 내가 거주하는 곳이 아닌, 매일 생활하지 않는 집이기 때문이다. 나는 거대 별장처럼 전문 관리사를 둘 수 없었기에 결국에는 처음부터 관리하기 좋은 집을 짓는 것과 원격으로 관리가 가능한 시스템을 구축하는 것을 방법으로 선택했다. 자, 그렇다면 이제부터 공대 오빠가 말하는 '관리하기 좋은 집짓기'를 위해 고려되어야 할 요소들과 '원격으로 관리할 때 필요한 스마트 기기'에 대한 몇 가지 팁을 알아보자.

관리하기 좋은 집짓기

관리하기 좋은 집이 되기 위해서는 일단 설계 단계에서부터 관리하기 쉽도록 구조적인 부분이 반영되어야 한다. 또한 자재적인 측면에서도 여러 가지가 고려되어야 한다. 가장 중요한 두 가지 포인트는 '내구성'과 '청소하기에 용이해야 한다'는 것이다. 그래야 쉽게 망가지지 않으며, 일부가 파손되더라도 금세 보수가 가능하고, 청소하기에도 편리하다. 때문에 나는 집을 설계할 때 집의 내부 구조와 동선은 최대한 단순하게 하고, 돌출부는 최소화하며, 곡선보다는 소박한 직선이 되도록 공을 들였다. 설계보다 더 신중할 수밖에 없었던 것은 자재였다. 내구성과 유지 보수하기 좋은 자재일수록 비쌌기에 퀄리티와 비용을 두고 어떤 것을 선택할지 무척이나 고민해야 했다.

오랜 고민 끝에 설계와 자재 선택을 마친 나는 결과적으로 1층과 2층 외장재를 분리해서 시공하기로 했다. 1층은 가장 무난한 스타코플렉스 외장재를 사용했다. 이 스타코플렉스는 가성비가 좋은 자재로, 비교적 가격이 저렴하면서도 질감이 좋다는 장점이 있는 반면에 때가 잘 타고 시간이 지남에 따라 변색이 될 수 있다는 단점이 있었다. 그나마 1층이 2층보다는 손이 잘 닿는 공간이므로, 1년에 한 번씩 대청소하는 것으로 관리를 하기로 한 것이다. 반면에 2층은 청소하기가 1층보다 쉽지 않아 스타코플렉스에 비하면 상대적으로 비싼 케뮤 외장재를 선택했다. 케뮤는 표면에 친수성 광촉매 코팅 처리가 되어 있어 빗물만으로도 오염이 쉽게 제거되고, 탈색이나 변색이 잘 안 된다는 장점이 있었다. 이렇게 나의 아지트는 1층과 2층의 외장재가 다르게 시공되었고, 각각의 자재가 주는 질감의 차이로 인해 개성적인 느낌을 주는 집이 될 수 있었다.

외장재를 다르게 택했기에 내장재 역시 1층과 2층에 각각 다른 자재를 사용했다. 1층은 세라믹 타일을 선택했고, 2층은 떼카 원목마루를 선택했다. 마감재는 층별 활용 목적에 따라 정했는데, 1층은 주로 사람들과 소통하는 다목적 공간이므로 여기에는 청소하기 쉽고, 표면 내구성이 강한 바닥재가 필요했다. 따라서 세라믹 타일이 가장 좋은 선택지였다. 반면에 2층은 편안한 휴식과 아늑한 분위기를 연출하고 싶은 공간이었기에 원목 마루를 마감재로 선택했다. 떼카는 다양한 원목 마루 중에서도 매우 고급스러운 자재로, 어느 가구와도 잘 어울릴 뿐만 아니라 시간이 지나도 고급스러운 질감이 그대로 유지되어 특유의 따뜻한 느낌을 지속해서 받을 수 있어 너무 좋았다.

스마트 기기를 활용한 원격 관리

로봇 청소기

로봇 청소기는 더 이상 모르는 사람이 없을 정도로 보편화된 제품이다. 사람들은 대부분 국산 제품의 성능이 매우 뛰어나다고 말하지만 내 경험상 중국산 로봇 청소기도 꽤 만족하고 사용할 만했다. 이 로봇 청소기의 경우, 원격으로 작동시키고 움직임을 추적할 수 있는 기능은 실용적일 뿐만 아니라 재미있기도 하다. 나는 로봇 청소기를 주중에 두 번 정도 작동시키는데, 실제로 자잘한 먼지와 머리카락 같은 것들을 상당히 제거하는 효과를 볼 수 있다.

스프링클러

조경을 위해 마당에 심은 잔디는 시원한 청량감을 주지만 그 대신 수시로 물을 뿌려주어야 그 생명력을 유지한다. 나는 '주중에 수시로 물을 주고자 하는 사람이 어디 나쁜이겠는가?' 하는 생각으로 좋은 방법을 찾기 위해 구글링 초식을 활용했다. 일단 우리나라보다는 상대적으로 가드닝에 앞서 있는 북미지역에서 사례를 찾았고, 결국 아마존에서 스프링클러용 원격 제어 밸브를 구입할 수 있었다. 지금 내가 사용하고 있는 원격 제어 밸브는 여름철 텃밭뿐만 아니라 잔디 가꾸기에 있어 가장 필수적인 아이템이 되었다. "좋은 것은 나누어야 한다."는 옛 어른들의 말씀에 따라 나는 옆집에도 이 제품을 소개해주었고, 그 결과 텃밭에서 막 딴 토마토와 진심 어린 고마움의 인사를 받을 수 있었다.

노출 전구

갬성을 위한 노출 전구다. 나는 아지트의 마당이 밋밋하지 않도록 둘레를 따라 크고 작은 나무를 심었는데, 이 나무들을 따라 예쁜 카페에서 볼 수 있는 따뜻한 갬성의 노출 전구를 직접 설치했다. 문제는 갬성을 내는 데는 좋았지만 불빛이 너무 밝아 하늘의 별들을 보려면 전구를 꺼러 콘센트가 있는 곳까지 오가야 한다는 불편함이 있었다. 방법을 고민하던 나는 스마트폰으로 제어가 가능한 '스마트 콘센트'를 설치했다. 스마트 콘센트의 설치와 이용 방법은 의외로 너무나도 쉽다. 기존 콘센트에 스마트 콘센트를 꽂고 집에서 사용하는 와이파이와 스마트 콘센트 간의 통신 신호만 확인해주면 끝이다. 노트북으로 와이파이 잡는 것에서 한두 단계만 더 추가한 수준의 난이도이다. 그리고 스마트폰에 해당 제조사에서 제공하는 앱을 깔면 끝!

스마트 콘센트를 설치한 후, 나는 노출 전구로 밝고 예쁜 정원의 갬성을 누리다가 잠시 하늘을 쳐다보며 스마트폰 버튼을 살짝 눌렀고, 그때 하늘에 수놓여 있는 별들이 쏟아질 듯 내 눈에 들어왔다. 마치 이 넓은 지구에 나 혼자만 있는 것 같은 착각이 들 정도의 이 황

홀함을 무엇과 비교할 수 있을까. 깊은 밤, 홀로 캠핑 의자에 누워 아름다운 밤하늘을 보는 일은 몇 번을 반복해도 질리지 않는다는 것을 많은 사람들이 알 수 있으면 좋겠다.

CCTV

나는 CCTV를 두 가지 목적으로 설치했는데, 첫째는 불청객을 대비한 보안상의 이유였고, 둘째는 실시간으로 집 주변의 풍광을 보기 위해서였다. 나는 집이 거의 다 지어갈 무렵부터 CCTV에 대해 정보를 수집하기 시작했다. CCTV는 크게 자가 설치용과 통신사용, 그리고 보안업체용이 있는데 세 가지 모두 각각의 장단점이 있다. 자가 설치용은 설치가 좀 번거롭지만 전체 세트 비용이 상대적으로 저렴하다는 장점이 있다. 반면 통신사용은 핸드폰 요금 내듯 일정 비용을 내면 설치와 관리가 상대적으로 쉽다는 장점이 있다. 나는 통신사 CCTV를 기본으로 선택했고, 동시에 사각지대 모니터링 및 풍광 감상용으로 추가 CCTV를 설치했다. 아마존을 통해 구매한 제품으로, 모션센서가 있어 움직임이 감지되면 그 시점을 전후로 동영상을 저장하고 등록된 사람에게 전송해주는 제품이다. 평소에는 수동으로 실시간 마당 풍광을 볼 때가 있는데, 이것이 의외로 순간순간 쌓인 스트레스를 푸는 데 큰 도움이 된다.

이처럼 나는 스마트 IOT 제품 사용으로 소소한 재미도 얻었고, 실질적인 도움도 되는 일석이조를 경험했다. 요즘은 스마트한 IOT 제품들을 정말 쉽게 찾을 수 있는 세상이다. 그러니 꼭 별장이 아니더라도 지금 생활하고 있는 집에 스마트 IOT 제품 한두 개라도 적용해보자. 분명 색다른 재미가 가미된 즐거운 일상을 누릴 수 있을 것이다.

왜 서 부장에게
별장이 필요했나

나는 아무것도 안 하는 것만이 '쉼'이 아니라, 좋아하는 사람들과 함께 행복한 시간을 보내는 것이나 멋진 사람들과 같은 공간에서 서로 배우고 성장하는 시간을 갖는 것 역시 '쉼'이라고 생각했다. 그래서 내가 좋아하는 사람들에게 힐링을 줄 수 있을 만한 쉼터를 짓고 싶었다. 그렇게 일상에 지친 그들에게 '쉼'을 줄 수 있는 집을 짓고 싶었던 것이다.

내 집의 이름이 '즐거운 휴가'가 된 이유 역시 이 때문이다. 애초부터 나는 이 집을 힐링의 공간으로 삼고 싶었기에 설계할 때부터 이 이름을 내정해두고 있었다. 즐거운 쉼이 있는 집, 그리고 동시에 휴가를 보내듯 즐겁게 지낼 수 있는 곳이라는 의미를 담고 싶었다. 그리고 준공 이후, 나의 바람대로 '즐거운 휴가'는 주말마다 손님을 맞이하느라 바쁜 공간이 되었다. 나는 내가 좋아하는 사람들을 초대하여 맛있는 음식을 나누고, 분위기에 취해 누가 먼저랄 것 없이 자연스럽게 각자의 삶을 나누는 소소한 행복을 만끽하고 있다.

　세상은 넓고 깊은 내공을 가진 사람들도 많다. 나는 스스로 20년 이상 해온 직장생활을 통해 내 분야에서 나름의 내공을 쌓았다고 자부할 수 있는 사람이다. 그러나 나처럼 자기만의 분야에서 놀랄 만한 내공을 가진 사람들이 이토록 많다는 사실을 알게 된 것은 '즐거운 휴가'를 만남의 장으로 사용하게 되면서부터였다. 사회적으로 이미 많이 알려진 사람, 수면 위로 드러나 있지는 않지만 그 업계에서는 모두가 인정하는 고수, 때를 만나 인기가 급상승 중인 중견 탤런트, 국세청 출신의 전문 세무사, 베스트셀러 작가, 컬러 전문가 등 수많은 사람들이 나의 '즐거운 휴가'를 방문해 귀한 시간을 나누고 갔다. 그리고 이렇게 다른 영역의 고수들과 만나 서로의 내공을 공유하다 보면 그들의 에너지가 내게 들어오는 것을 느낄 수 있다. 특히나 세무사님의 경우, 다른 지인들과 함께한 '즐거운 휴가'에서의 식사 이후 호형호제하는 사이로 발전할 만큼 가까운 사이가 되었다. 그로부터 전해들을 수 있는 수많은 유력기업가의 세무진단과 컨설팅을 통한 에피소드들을 듣고 있자면 마치 엄청난 전문 드라마를 보는 듯한 긴장감이 느껴지고는 한다. 이처럼 '즐거운 휴가'를 통해 내가 누리고 있는 이 만남과 시간들은 그전까지는 잘 몰랐던 세계에 대해 깊은 이야기를 나누게 됨으로써 새로운 분야에 관심을 갖게 해주었고, 또 이를 통해 나 스스로 한 걸음 더 성장하는 것을 느끼게 해주었다.

'즐거운 휴가'는 만남의 장일 뿐만 아니라 나에게 특별한 일이 있을 때도 최고의 공간이 되어준다. '즐거운 휴가'가 완공된 뒤 처음으로 가족 모임을 했던 날, 형네 가족과 누나네 가족까지 온 가족이 이곳에 모여 어머니의 추도 예배를 드렸다. 우리 가족은 1박 2일 동안 함께 음식을 나누며 의미 있는 시간을 보냈다. 만약 '즐거운 휴가'가 아닌 누군가의 집이었다면 서로 부담스러움도 느꼈을 것이며 크지 않은 공간에 많은 사람이 모이게 되어 번잡할 수도 있었을 것이다. 그러나 '쉼'을 위해 지어진 나의 아지트에 모이게 되니 다들 교외로 여행을 온 듯한 기분을 느끼며 어떤 스트레스도 없이 시간을 보낼 수 있었다. 그렇게 온 가족이 명절마다 스트레스 받지 않고 편하게 모일 수 있는 공간이 생기게 된 것이다. 이처럼 명절뿐만 아니라 생일, 가족 모임, 파티 등 특별한 날을 위한 특별한 장소가 필요할 때면 언제든 자랑스럽게 소개하고 사용하기에 안성맞춤인 공간이 생겼다는 것이 참 기뻤다.

앞서 이야기했듯 '즐거운 휴가'의 본질은 '쉼'이다. 즉 나 혼자만 있어도 충분히 좋은 공간인 것이다. 나는 '즐거운 휴가'에서 잠도 자고, 멍도 때리고, 생각도 하는 등 나만의 시간이 필요할 때면 이곳을 찾는다. 이런 시간이 필요할 때 가장 편안하고 안정적인 공간이 '즐거운 휴가'이기 때문이다. 특히 아무도 예상치 못한 이슈인 코로나로 인해 이동이 제한되고 사회적 거리두기가 일상이 되어버리면서 '즐거운 휴가'는 우리 가족에게는 그야말로 노아의 방주처럼 가장 안전하게 느껴지는 공간이 되었다.

이제 중학생이 된 딸들이나 초등학교 고학년생이 된 아들을 볼 때면 안타까운 마음이 든다. 키가 큰 만큼 자아 역시 커지며 부모보다는 친구들이 더 좋은 나이임을 어느 부모가 모르겠는가. 하지만 코로나로 인해 수업도 온라인으로 바뀌고, 친구들도 만나기 어려워져 또래 친구들과 함께하는 것이 더 좋을 나이임에도 이를 누리지 못하고 있으니 아빠로서 너무 안쓰러운 마음이 드는 것이 사실이다. 어른인 나도 집에만 갇혀 있는 것이 답답한데 아이들은 어떻겠는가. 아마 신선한 공기를 찾아 밖으로 뛰쳐나가고 싶은 심정일 것이다. 그나마 내가 아이들에게 아빠로서 무언가 하나라도 더 해줄 수 있다고 느끼게 된 것 역시 '즐거운 휴가' 덕분이다. 이중생활의 아지트로 즐겨보자 짓게 된 '즐거운 휴가'가 내 아이들이 그 어느 곳보다 안전하게 놀 수 있는 놀이터이자 추억을 쌓을 수 있는 공간이 되어준 것이다. 정말이지 '즐거운 휴가'가 나와 가족들에게 있어 예상치 못한 감사한 선물이라는 생각이 드는 요즘이다.

'즐거운 휴가'는 나에게 즐거운 쉼을 주기 위해 시작된 야심 찬 프로젝트였다. 나는 이곳을 건축하는 과정부터 완공까지 한순간도 빠짐없이 즐거웠고, 또 이곳에서 다른 영역의 고수들과의 교류를 나누며 성장할 수 있는 것 역시 너무나 즐겁고 기쁘다. 이 외에도 가족들을 위한 최고의 공간으로도 활용되고 있으니 더 무엇을 바라랴. 내가 별장을 지으려고 했던 목적은 이미 충분히 달성되었다 해도 과언이 아니다. 아니, 오히려 생각지도 못했던 더 많은 것을 '즐거운 휴가' 덕분에 누리게 되어 정말로 '행복'을 선물 받은 듯한 느낌이 든다. 그리고 나는 지금, 내 인생의 선물과 같은 '즐거운 휴가'에서 긍정적인 에너지를 받으며 이 글을 쓰고 있다.

공간 그 이상의 의미

　바쁜 일상을 살아가는 현대인들에게는 차분히 사색할 기회가 없다시피 하다. 나 역시 그랬다. 진짜 나를 찾고자 일부러 시간을 내기 전까지는 사색과 먼 삶을 살고 있었다. 그리고 '즐거운 휴가'가 생긴 뒤, 나는 주중에 진짜 휴가를 내어 나만의 쉼을 종종 누리고는 한다. 나는 불과 몇 년 전까지만 해도 경험해보지 못했던, 평소에는 그저 배경에 불과했던 소박한 꽃이 줌인 되듯 눈에 들어오는 것이나 새들의 노랫소리가 노이즈 캔슬링된 에어팟프로보다 더 선명하게 들리는 것들을 정말 생전 처음으로 겪어보게 되었다. 이처럼 '즐거운 휴가'가 내게 주는 가치는 단순히 물리적인 공간으로서의 가치를 뛰어넘는다. 이곳은 나의 일상과 자연을 연결해주는 포털이 되어주는 놀라운 공간이다. 앞선 파트에서 이야기한 내공이 있는 고수들과 네트워킹을 할 수 있는 공간, 가족들과 추억을 만들 수 있는 공간, 그리고 혼자 쉼을 누릴 수 있는 공간 이상으로 내 삶에 많은 변화를 가져다준 안식처인 것이다.

꿈을 상상해 보아라

오죽하면 내가 지금도 '즐거운 휴가'에서 이런 호사를 누리고 있다는 것이 실감이 나지 않곤 할까. 무엇보다 놀랍고 감사한 것은 이전까지 마치 2배속, 4배속으로 질주하듯 살아오던 것을 멈추고 뒤를 돌아보니, 이 모든 것의 시작이 결국에는 내가 꿈꾸고 상상한 것으로부터 출발했다는 깨달음이다. 내가 꿈꾸지 않고 상상하지 않았다면 '즐거운 휴가'는 물론이고 진짜 나를 찾고 나의 행복을 위한 삶을 살 수 있게 해준 '이중생활'의 모든 것들이 하나도 내 삶에서 실현되지 못했을 것이기 때문이다.

꿈을 갖는다는 것, 상상을 해본다는 것, 그리고 그 상상의 줄기 중 내가 당장 할 수 있는 무언가를 시도하고 시작해보는 것은 그래서 중요하다.

당신의 꿈은 무엇인가?

당신이 상상하는 것은 무엇인가?

꿈을 실현할 수 있는 작은 실천을 시작하자

만약 그것이 나의 '즐거운 휴가'처럼 별장을 짓는 것이라면 건축에 대한 책을 사서 읽는 것으로 시작해볼 수 있다. 그리고 이를 시작으로 꿈을 실현하기 위한 땅을 보러 나아가게 될 수도 있다. 즉 꿈이라는 것은 상상만큼이나 그 상상을 실현하기 위해 한 걸음을 내딛는 것이 너무나 중요하다는 것이다. 이 한 걸음을 뻗는 사람과 그러지 않는 사람의 차이가, 곧 꿈을 현실로 이루어내는 사람과 이루어내지 못하는 사람으로 나뉘어지게 되기 때문이다.

그러나 많은 사람들이 "힘들다." "지친다." "바쁘다." "정신없다." "이렇게 사는 게 뭐냐."라는 말만 하며 삶을 개선하려는 노력을 하지 않는다. 누구나 힘들고 지치고 바쁘고 정신없는 삶을 살아간다. 우리는 다른 세계를 살아가고 있는 것이 아니지 않나. 같은 현실을 살면서도 왜 누구는 꿈을 실현하는 삶을 손에 쥘 수 있겠는가? 그들은 거기서 멈추는 것이 아니라 '그래서 어떻게 살고 싶은데?' '그래서 뭘 하고 싶은데?'라며 스스로 질문을 던지고, 그 질문에 대해 진지하게 고민한다. 그렇게 답을 찾았다면 그 답을 현실로 만들기 위해 첫발을 내디뎠기 때문에 꿈을 실현할 수 있었던 것이다. 나는 이 책을 통해 바로 이 이야기를 꼭 하고 싶었다. 나의 꿈 역시 처음에는 거창하지 않았으며 이루어질 수 있을 거라 생각하지도 못했다. 그러나 한 걸음 한 걸음 내딛다 보니 지금은 상상한 것 이상으로, 꿈꿔왔던 것 이상이 이루어져 가고 있으며, 또 더 크고 새로운 꿈들 역시 꿀 수 있게 되었다.

당신의 꿈은 무엇인가?

당신이 현실로 만들고 싶은 상상은 무엇인가?

지금 바로 펜을 들고 당신의 꿈 리스트를 적어보자. 그리고 그것을 마음껏 상상하여 그중 하나를 골라 현실로 옮겨보자. 나에게 있어 '즐거운 휴가'가 그 어떤 꿈들보다도 귀한 이유가 바로 이것이다. 단순한 '공간'을 넘어 내가 현실로 이루어낸 꿈 그 자체이기 때문이다.

당신 역시 할 수 있다. 새롭게 내 삶에서 살아 숨 쉬고 있는 보물과도 같은 '즐거운 휴가'처럼, 그 이상의 꿈을 꾸고 행동하여 실현해보기를 진심으로 응원한다.

Part **6**

본격적인
이중생활
책 쓰기가 이렇게
쉬울 줄이야

아무한테도 말하지 않고 입을 다물어야 한다는 조
건으로 내게 지혜가 전수된다면 나는 거부하겠다.
무엇이든 나누지 않고 소유하는 데는 기쁨이 없다.

인생 처음
책 쓰기 도전

집짓기에 이어 막연하게 꿈꿔왔던, 꼭 이루고 싶은 또 하나의 버킷리스트는 책 쓰기였다. 명확하게 어느 날 어느 시에 책을 내겠다는 계획은 없었지만 출판사 대표를 하는 친구에게 '어떤 과정으로 책이 출판되는지' '내가 지금 무엇을 준비해야 하는지' 등을 기회가 될 때마다 물어보며 소박하게 꿈을 키웠다. 버킷리스트에 책 쓰기를 적어놓을 때만 하더라도 나의 책에 대한 로망은 정말 말 그대로 로망에 불과했다. '책의 장르는 무엇으로 할지?' '어떤 메시지를 어떤 수준으로 담을지?' 등 어떠한 계획도 없었다. 그래서 나는 조금씩 새로운 습관을 만들어가기 시작했다. 책 쓰기에 도움이 될 만한 내용이 떠오르면 그때마다 메모를 하거나 사진을 찍어두기 시작한 것이다. 그리고 마침내 '이제 책을 쓸 때가 왔구나!' 하는 강한 도전을 받은 계기가 생겼다.

근속 20년이 되기 1년 전, 나는 '내년이면 나도 직장생활 20년인데 기념으로 뭘 하면 좋을까?' 하는 마음을 품고 있었다. 그런데 마침 그 무렵, 회사 게시판에 내년 창립 50주년을 맞아 사사 편찬을 발간할 것이고 사료적 가치가 있는 자료가 있으면 제출하라는 내용이 공고되었다. 나는 그 자리에서 "이거다!" 하고 외쳤다. 사사 편찬 공고가 작은 불씨 수준이었던 내 마음속 책 쓰기 꿈에 제대로 기름을 부어버린 것이다. 적지 않은 직장생활을 통해 나름의 경험과 노하우가 쌓였다고 자부하고 있었으니 이를 잘 정리해서 책을 내면 대박이 날 것 같다는 생각이 들었다. 얼마나 설레었으면 밤잠을 다 설칠 정도였다.

공대 오빠에 불과했던 내가 정말로 책을 잘 쓸 수 있을지에 대한 걱정이 없었던 것은 아니다. 하지만 일면에는 나름대로 자신감이 있었다. 회사 업무상 경영층을 대상으로 하는 상당수 보고서를 써 왔기에 스스로 글을 꽤 쓴다고 생각했던 것이다. 실제로 주변으로부터 보고서를 잘 쓴다는 평가를 종종 듣는 편이었던 터라 내 자신감은 완전히 충만한 상태였다. 그렇게 나는 '일단 도전!'을 선택하게 되었다. 그러나 과감한 나의 첫 책 쓰기 도전은 아쉽게도 출판으로 이어지지는 못했다. 지금 생각해보면 과감한 것이 아니라 무모한 도전이 아니었나 싶다. 그만큼 나는 준비가 안 되어 있었다. 하지만 이 일을 계기로 내 마음속에서는 책 쓰기에 대한 열망이 더욱 활활 타오르게 되었다.

문제는 불타오르는 마음과는 달리 나의 책 쓰기가 앞으로 나아가지 못한 채 계속 제자리 뛰기만 하고 있다는 것이었다. 책 쓰기를 가르쳐주는 사람도 없었고 어디서부터 시작해야 할지도 몰랐던 나는 무작정 1년 안에 책을 출간하고 즐거운 휴가 설계와 시공을 추진하려고 했다. 하지만 현실적으로 이 책 쓰기란 회사 일과 밸런싱을 잘 유지하며 진행이 되어야 했기에 1년 안에 책을 내겠다는 계획은 애초에 무리한 시도였다. 물론 이런 시도가 전혀 의미 없지는 않았다. 지금 내가 이 책을 편안하게 쓸 수 있게 된 것도 그때 닦아 놓았던 초석 덕분에 덜 헤매며 진행할 수 있게 된 것이기 때문이다. 만약 일전의 도전이 없었다면 이 책은 컴퓨터 파일로만 남겨진 채 영원히 세상의 빛을 보지 못하고 묻혔을지도 모른다.

시행착오를 뒤로하고 새롭게 이 책을 써야겠다고 다짐하면서 나는 '도대체, 왜 나는 책을 쓰려고 하는 것인가?'라는 목적에 대해 근본적으로 다시 생각해보았다. 그리고 이 시간을 통해 처음 내가 책 쓰기를 버킷리스트에 적었던 때와는 그 목적 자체가 달라졌음을 깨달을 수 있었다. 첫 책 쓰기에 도전했을 때, 나의 책 쓰기는 오직 '나'만을 위한 목적에 집중되어 있었다. "나의 멋진 직장생활 노하우를 알려주겠어!" "동시에 책을 내서 나의 20년 근속을 기념하겠어!" 하는 나 중심적인 반쪽짜리의 도전이었던 것이다.

반면에 지금 나의 책 쓰기는 '우리'가 한 번쯤 고민해봤을 내용을 용기 있게 소통하고 나눠보자는 데에 그 목적이 있다. 그리고 놀랍게도 책을 쓰는 목적과 방향이 새롭게 정해지자 첫 도전 때와는 달리 어떤 내용으로 책을 쓰면 좋을지에 대해 훨씬 명확하게 정리가 되었다. 이뿐만 아니라 이 책을 통해 전하고자 하는 나의 철학을 내 딸들과 아들에게도 레거시로 물려주고 싶다는 마음까지 생겼다.

사실 책 쓰기는 녹록지 않은 작업이다. 그러나 나는 역설적으로 "책 쓰기가 이렇게 쉬울 줄이야!"라고 말한다. 지금의 목적의식과 뜨거운 열정, 그리고 동기부여로 책 쓰기를 완성하기 위한 나만의 주문이다. 나는 포기하고 싶지 않다. 책 쓰기가 힘들면 책을 쓰고자 하는 목적을, 그리고 책 쓰고 난 이후의 모습에 대한 상상을, 이미 작가로 성공한 사람들을, 〈세바시〉에 나오는 선한 영향력을 끼치는 사람들을 보며 나 역시 저렇게 되고 싶다는 상상을 한다. 이 모든 동기부여를 바탕으로 나는 오늘도 성공적인 책 쓰기를 마치기 위해 한 땀 한 땀 나만의 글을 적어나가고 있다.

책 쓰기는
언제 시작하면 좋을까

　내가 책을 쓰고 있다고 주변 선후배들에게 말하면 한결같이 그들도 "나도 책 쓰는 것이 로망인데."라는 말을 한다. 그리고 내게 언제부터 책을 쓰려고 준비했는지를 묻는다. 그렇다면 과연 책 쓰기는 언제 시작하면 좋을까? 사실 책 쓰기에 적당한 때라는 것은 없다. 어떤 책을 쓸 것인지에 따라 다르기 때문이다. 어떤 책을 쓸 것인지는 책 쓰기의 기획 단계에서 정해진다. 나 또한 책 쓰기를 제대로 시작하면서, 기획이 책 쓰기에서 얼마나 중요한지를 깨달을 수 있었다. 내가 앞에서 이야기한 '집짓기에서 설계 단계의 중요성'을 강조한 것과 일맥상통하는 부분이다.

　책에 담고자 하는 내용이 본인이 잘 아는 분야에 대한 것이나 잘 하는 것에 대한 것이라면, 스스로가 그 주제에 대해 잘 알고 있다는 자신감과 전문성이 있다고 생각이 들 때 쓰면 된다. 또는 책에 담으려는 내용이 본인의 생각이라면, 요즘 나오는 에세이《나는 나답게 살기로 했다》《죽고 싶지만, 떡볶이는 먹고 싶어》처럼 삶을 살아가는 방식에 대한 저자만의 철학과 방식을 소개하는 것이므로 정해진 때와는 상관없이 쓰기 시작하면 된다. 혹은 책에 담아내고자 하는 내용이 인생을 정리하고 걸어온 길을 되돌아보며 삶에서 의미 있고 중요하다고 생각되는 것들을 중심으로 하는 이야기라면, 40대 즈음부터 준비하여 그 준비가 끝났다는 생각이 드는 시점에 쓰기 시작하면 된다. 그렇다. 결론적으로 말하자면 책 쓰기에 있어 나이란 어떤 기준도 되지 않는다는 것이다. 나이는 오직 숫자에 불과할 뿐, 책을 쓰고자 하는 기준점과는 일절 관계가 없다.

무모한 첫 도전을 거쳐 본격적인 책 쓰기에 발을 들여놓게 되면서, 갑자기 인생을 후다닥 정리하기란 참 쉽지 않음을 알게 되었다. 그나마 내가 가진 경험 중 크게 도움이 된 것은 바로 집짓기였다. 책 쓰기 과정 하나하나가 집짓기 과정과 정말 비슷한 점이 많다는 것을 알 수 있었기 때문이다. 앞서 이야기한 '책 쓰기 기획과 집짓기 설계' 뿐만이 아니라 책 쓰기의 거의 전 과정이 집짓기의 전 과정과 비슷했다. 책 쓰기 역시 아는 만큼 보이고 공부한 만큼 더 잘 보이며, 더 적극적으로 임할 수 있게 되더라. 그렇다. 책 쓰기에는 반드시 공부가 필요하다. 혼자 공부하다가 채워지지 않는 부분이 있다면 전문가를 찾아가서 배워야 할 정도로 말이다. 책의 주제에 대해, 다른 사람들과의 공감을 위해, 또 그들이 어떤 생각을 하는지에 대해 더 관심을 가질 줄 아는 자세가 필요하다. 이를 바탕으로 지속해서 시도하며, 연습하고, 메모하는 등 인고의 시간이 필요한 것이다.

집을 지을 때 나는 제대로 된 설계를 위해 고민하고 공부했다. 건축사와 같이 의논하고 씨름하면서, 또 수없이 회의하면서 내 나름대로 그려보았다. 책 쓰기 역시 마찬가지다. 글쓰기란 결코 한 번의 작업으로는 결과물을 얻을 수 없다. 따라서 쓰고 수정하고 쓰고 배워가기를 반복하며 성장해야만 좋은 결과물을 세상에 내놓을 수 있다. 그리고 이를 위해 가장 필수적인 것 중 하나가 바로 '독서'다. 우리가 근육을 단련하기 위해 웨이트트레이닝을 하는 것처럼 글쓰기 근육을 단련하는 데 필요한 핵심이 바로 독서이기 때문이다. 책 쓰기를 하겠다고 마음먹고 갑자기 안 하던 독서를 해본다고 해서 글쓰기 근육이 금방 생기는 게 아니다. 그러므로 책 쓰기에 도전하고 싶다면, 일찍부터 독서를 습관화하여 잠재적인 글쓰기 근육을 키워두어야 한다. 또한 독서는 꼭 글쓰기를 위해서가 아니더라도 우리의 삶에 있어서 중요한 자양분이 된다. 그러므로 앞에서 이야기했듯 '지속할 수 있는 취미'로 가져보기를 적극 권한다.

나는 내가 즐기고 있는 슬기로운 이중생활을 많은 사람이 누렸으면 하는 마음으로 책을 쓰고 있다. 내가 말하는 이 이중생활과 비슷한 개념이 최근 방영되고 있는 〈해방타운〉이라는 프로그램이다. 이 프로그램은 나를 포함한 나와 비슷한 세대의 시청자들이 많이 공감하고 있다는 것을 방증하듯 꽤 높은 시청률을 기록하고 있다. 이제는 방송에 출연한 연예인을 통해 대리만족만 하지 말고 어느 것 하나라도 직접 실행해보고 경험해보자. 그렇게 당신 역시 슬기로운 이중생활을 즐겨보기를 바란다. 당신이 그 이중생활 라이프 안에서 나처럼 책 쓰기를 버킷리스트에 적고자 한다면, 그리고 나에게 책 쓰기를 언제 시작하면 좋은지에 대해 묻는다면 나는 '지금'이라고 답하겠다.

책을 쓰니
달라지는 것들

이번 파트에서는 내가 직접 책을 쓰는 과정에서 깨달은 것들, 그 중에서도 뜻밖에 얻은 좋은 것들 몇 가지를 함께 나누고자 한다.

나는 책을 쓰면서, 즉 글로 내가 전달하고자 하는 내용을 표현해 보며 깨닫게 된 것이 있다.

첫째는 모호한 것들이 명확하게 정리된다

아마 글쓰기를 직업으로 갖고 있는 사람이나 글쓰기를 진지하게 해본 사람이라면 이 말이 무슨 뜻인지 알 것이다. 내가 말하고자 하는 내용들이 머릿속에 있을 때와 글로 적어보았을 때, 그 사이에 얼마나 큰 차이가 나는지를 말이다. 아무리 오랫동안 머릿속으로 고민해 왔던 것일지라도 막상 글로 써보면 생각했던 것처럼 표현되지 않는다. 스스로 명확하게 안다고 생각했던 것들이 실제로는 개념조차 제대로 정의되지 못한 채 그 느낌만으로 존재했다는 것을 마주하게 되는 순간이다. 따라서 책 쓰기, 글쓰기는 반드시 내용을 쓰고 정리하고 다시 쓰고 정리하는 과정이 되풀이되어야 한다. 그야말로 투박한 돌덩어리를 작품으로 만들어내는 석공처럼, 하나도 알아볼 수 없는 내 머릿속의 내용을 명확하게 깎아내고 남기며 조각해나가는 것과 같다.

나의 경우를 예로 들자면, 이 책 앞부분에서 설명한 '이중생활과 재테크'가 특히 그러했다. 나의 경험이 바탕 된 내용일 뿐만 아니라 머릿속으로도 굉장히 오래 생각해온 내용이었지만 막상 글로 써보려니 어떻게 전개해 나가야 할지조차 감이 잡히질 않았다. 나는 그때에서야 깨달은 것이다. '내가 재테크 전문가가 아닌데 어떻게 재테크를 설명하겠다는 거지?' '괜히 잘못 적었다가 수많은 재테크 전문가들로부터 도전을 받게 되는 건 아닐까?' 등 현실적인 고민부터 쓸데없는 잡생각까지 머릿속을 휘저으며 그나마도 정리가 되지 않는 나의 글쓰기를 더욱 방해했다. 그러나 나는 이미 글쓰기를 시작한 데다 오래전부터 해당 내용 역시 넣고자 했었기에 용기를 내어 내 머릿속 생각들을 하나하나 적어보기 시작했다. 정리를 해나가다 보면 답이 나올 것이라 믿고 일단 쓰기를 시작한 것이다.

나는 이론적인 설명보다는 내가 경험한 것들을 위주로, 스스로가 직접 공부한 내용들과 왜 이런 재테크 옵션을 선택했는지를 적었다.

그렇게 글을 적어나가다 보니 의외로 내가 다양한 경험을 했다는 것을 알 수 있었다. 나는 보험, 연금, 저축, 주식, 펀드, 부동산 등 다양한 재테크들을 경험한 사람이었던 것이다. 이러한 경험들을 독자에게 전하기로 마음먹고, 그중에서도 나의 성공사례와 실패사례, 성공원인과 실패원인 등에 대한 글로 내용을 채워나갔다. 그렇게 중심을 잡고 하나하나를 명확하게 정리해나간 끝에 다른 이들과 공유할 만한 수준의 메시지가 나오게 된 것이다.

만약 당신이 글쓰기를 하고자 하는데 머릿속에만 맴돌며 정리가 되지 않는 무언가가 있다면 '일단 한번 적어보기'를 시작하길 권한다. 느낌적으로만 알고 있던 그 내용들이 글이라는 형태로 나타나면, 그 형태를 통해 명확하게 찾아내야 할 부분과 깎아내야 할 부분, 그리고 부각시켜 도드라지게 만들어야 할 부분 등이 보이게 되기 때문이다.

둘째는 자신을 들여다볼 수 있는 시간을 갖게 된다

나는 책 쓰기를 하면서 전과 달리 나에 대해 많이 들여다보는 시간을 가지게 되었다. 막상 내 생각을 글로 써보니 나 스스로가 내가 어떤 사람인지, 어떤 사람으로 살아왔는지, 어떻게 살아가고 있는지 정말 모르고 있다는 사실을 깨달았기 때문이다. 그렇다. 나는 그동안 나 자신을 들여다보는 시간이 너무나도 부족한 삶을 살아온 사람이었다! 하지만 글을 쓴다는 것은 끊임없이 나를 들여다보아야만 가능한 일이다. 따라서 글쓰기를 한다는 것은 그 자체로 최고의 자기계발이라고 감히 말할 수 있다. 글쓴이가 스스로에 대해 잘 알지 못하면서 나오는 글로 쓰인 책은 가짜다. 소설이 아니라면 말이다. 소설이 아닌 '내 이야기'를 쓰는 것이라면 나 자신을 그만큼 제대로 알아야 한다. 그래야 정말 진솔하게, 숨김없이 자신의 철학과 삶을 담아낼 수 있기 때문이다.

나는 이를 깨닫게 되면서 정말 많은 시간을 고민하며 나 자신을 들여다보았다. 몰랐던 나의 모습을 알아가고, 알고 있었지만 명확하게 그려지지 않던 모습들을 보다 확실하게 그려내며 나 자신을 마주했다. 그렇게 때로는 기쁘고 때로는 슬프며, 또 때로는 대견스럽고 자랑스럽지만 한편으로는 안쓰럽기도 한 감정들을 마주하며 나와 충분히 교제하는 시간을 갖게 된 것이다.

나의 책 쓰기는 어느덧 마무리 단계에 들어가고 있다. 글쓰기를 해온 지난 시간을 돌아보면 '살면서 이런 시간을 가질 수 있는 사람이 얼마나 될까?' 하는 생각이 들곤 한다. 우리는 너무나 바쁘고 해야 할 일이 많다. 감당해야 할 역할조차 한두 개가 아니다. 이렇게 삶을 살아가다 보면 당연히 나 자신을 돌보고 들여다보는 것 역시 쉬울 수 없는 게 당연하다. 한번 당신의 하루를 여기 나열해보면 알 수 있을 것이다. 아니, 일주일을 한번 적어보면 훨씬 더 명확하게 알 수 있을 것이다. 다람쥐 쳇바퀴 돌듯 반복되는 일상, 너무 바빠서 스스로가 어떻게 살아가고 있는지조차 모르는 시간을 살아가고 있음을 깨닫게 될 것이다. 글쓰기는 바로 이런 시간을 쓰는 사람에게 제공해준다.

셋째는 성취감과 자존감을 높여주었다

책 쓰기는 쉽지 않은 길이지만, 그것에 도전하고 조금씩 이루어나가는 과정에서 얻어지는 것이 너무나도 많다. 무엇보다 내가 놀란 것 중 하나는 아이들이 아빠가 글을 쓴다는 것에 대해 프라이드가 생겼다는 것이다. 나는 아이들이 나의 글쓰기 시간을 존중해준다는 것을 느꼈다. 글쓰기 작업을 하다가 종종 "얘들아, 아빠 책 쓰는 중이야. 조용히 해줄래?" 하고 말하면 조금 전까지만 하더라도 시끄럽게 떠들던 아이들이 거짓말처럼 소곤소곤 말하며 볼륨을 줄인다. 반면에 내가 TV를 보면서 조용히 해달라고 이야기하면 듣는 둥 마는 둥 하며 본인들 마음대로 떠든다. 얼마 전에는 막내아들의 친구 녀석이 "아저씨, 책 써요? 작가예요?" 하고 내게 묻는 게 아닌가? 알고 보니 막내아들이 아빠가 책 쓰는 것을 친구들에게 자랑스럽게 이야기했다고 한다.

나는 이런 상황들을 기분 좋게 즐기는 중이다. 아내 역시 나의 이러한 도전이 쉽지 않은 것임을 알기에 지지하고 응원해준다. 회사 동료들 역시 많은 응원을 보내주고 있다. 아무래도 내가 먼저 그들의 로망을 조금 더 일찍 이루며 담아내고 있기 때문이 아닐까. 책 쓰기가 아니었다면 결코 경험하지 못했을 시간과 따뜻한 응원들 덕분에 나는 어려운 과정임에도 불구하고 한 걸음 한 걸음 성취해나가며 말로 다 못할 즐거움과 성취감을 느껴오고 있다. 글쓰기를 통해 얻게 되는 성취감은 회사 일을 잘 해냄으로써 얻게 되는 것과는 완전히 다른 의미의 성취감이다. 그야말로 진짜 내가 하고 싶은 엄청난 도전의 성과를 맛본다는 것이기 때문이다. 나의 자신감을 백만 배는 더 상승시켜주는, 무엇과도 바꿀 수 없는 귀한 시간이자 길을 나는 온전히 느끼고 맛보며 걸어가는 중이다.

나도 하는데,
당신도 할 수 있다

근속 20주년을 기념하며 책을 내려 했을 때, 그러니까 내 인생에서 처음 글을 썼을 때는 정말 막연했다. 회사에서 글을 썼던 경험을 살려 정말 열심히 했지만 결과물은 만족스럽지 않았다. 그래서 이번에 책 쓰기에 재도전할 때는 처음부터 전문가를 찾아갔다. 첫 도전 때 썼던 글에 대해 검증을 받아보니 살릴 수 있는 내용이 거의 없었다. 새로 시작해야 한다는 판단이 들어 하나하나 배워가면서 글을 쓰기 시작했다.

전형적인 이과 머리인 내게 글을 쓴다는 건 무척이나 어려운 도전이었다. 하지만 글쓰기를 배우다 보니 의외로 나의 이과 머리가 유리한 점도 있었다. 논리적인 사고와 배우는 만큼 빠르게 습득하고 적용하는 데에 강점이 있었던 것이다. 물론 그밖에 세세한 부분들에 있어서는 지금도 여전히 노력 중이다.

'책을 쓴다.' '저자가 된다.' '베스트셀러 작가가 된다.'라는 건 분명 아무나 할 수 없는 일일지 모른다. 그러나 '책을 쓰기 위해 글쓰기를 배우고, 글을 직접 쓴다'는 것은 누구나 할 수 있는 일이다. 도전은 누구라도 가능하기 때문이다. 무엇보다 이 과정을 통해 정말 많은 것을 배울 수 있다. 그래서 내가 이렇게 글쓰기 도전을 적극 추천하는 것이다. 시작은 어려울지 모르나 조금씩 문장으로 지면을 채워나가다 보면 할 수 있다는 자신감이 붙는다. 그리고 이 시간을 통해 세상을 바라보는 눈과 나 자신을 바라보는 통찰이 생겨난다. 글을 쓰면서 전에는 해보지 못했던 생각들을 하게 됨으로써 최고의 자기계발이 이루어지는 것이다. 장담컨대 글쓰기야말로 최고의 자기계발 도구임에 틀림없다.

물론 글쓰기에는 배워야 할 부분들이 많다. 쉬운 과정은 아닌 게 사실이다. 사람마다 역량에 차이가 있을 수도 있다. 만약 혼자 도전해보는 것이 힘들다고 생각된다면 내가 그러했듯 책 쓰기 수업을 들어보자. 큰 도움이 될 것이다. 앞서 이야기했듯 나 역시 인생에서 처음으로 책 쓰기에 도전했을 때는 너무나도 막연했다. 정말 고군분투하며 결과물을 냈지만 전혀 만족스럽지 않았다. 과감하게 전문가를 찾아가 체계적인 도움을 받게 되자 상상도 못 할 정도로 큰 발전을 이루어낼 수 있었다. 이것이 지금도 내가 책 쓰기 수업 듣기를 정말 잘했다고 생각하는 이유다. 그러니 직접 '책을 쓰려는 꿈'에 더 빨리 골인하고 싶다면, 전문가의 도움을 받아보기를 권한다.

"나도 하는데, 당신도 할 수 있다."의 뜻은 나를 낮추는 겸손함도 아니고 글쓰기가 쉽다는 뜻도 아니다. 내가 말하고자 하는 것은 "나처럼 의지와 에너지를 갖고 있으면 글쓰기 역량이 조금 부족하더라도 책을 쓸 수 있다."라는 것이다. 글쓰기 역량은 전문가의 도움을 통해 얼마든지 끌어올릴 수 있다. 정말 필요한 것은 그것을 실행할 의지와 에너지다. 그리고 그 에너지는 자신의 경험을 통해 나온다. 나는 진짜 나를 찾은 뒤에 버킷리스트를 하나씩 부러뜨린 경험과 내가 좋아하는 것을 위해 한 걸음을 떼본 경험 등을 에너지로 삼았다. 그리고 이 경험들은 실제로 큰 도움이 되었다. 그렇다. 책 쓰기란 단순히 글쓰기 스킬만 있다고 가능한 것이 아니라 좋은 경험을 통해 다져진 에너지가 있을 때 비로소 가능한 것이다. 나는 긴 시간 동안 좋아하는 것을 실행하고 경험하는 과정을 반복하며 이런 에너지를 충분히 축적했기에 좀 더 수월하게 글쓰기 실력을 늘리는 것이 가능했다고 생각한다.

스스로가 좋아하는 것에 대해 정말 깊은 경험을 해본 사람이라면, 그것이 크든 작든 상관없이 한 권의 책을 남길 수준의 꿈을 담을 수 있다. 그러니 당신 역시 그러한 무언가를 가지고 있는 사람이라면, 꼭 글쓰기에 도전해보기를 바란다. 우리는 모두 내면에 보물 하나씩을 갖고 살아가는, 충분히 자랑스러운 삶을 살고 있는 보물상자

같은 사람들이다. 그러니 당신만의 그 보물을 혼자만 간직할 것이
아니라 세상에 선물할 수 있는, 빛나는 사람이 될 수 있기를 바란다.

베스트셀러 작가가 되면
하고 싶은 것들

주변을 둘러보면 자신의 삶을 책으로 남기고 싶어 하는 사람이 적지 않다. 책 쓰기 수업을 진행하는 선생님에게서 "최근 책 쓰기 수업을 수강하려는 예비작가들이 많이 찾아온다."라는 이야기를 들을 수 있었다. 그리고 나 역시 그들 중 한 사람이라고도 했다.

사람마다 책을 쓰려는 이유는 다양하다. 내가 이 책을 쓰는 이유는 어깨에 무거운 짐을 지고 가는 중년들이나 직장생활에 찌들어 그저 그런 똑같은 인생을 살고 싶지 않을 후배들에게 꼭 전해주고 싶은 이야기가 있었기 때문이다. 스스로가 직접 경험한 무언가를 공유하고 싶은 마음은 아마도 사람들의 보편적인 본성이 아닐까. 내가 이 책을 통해 진정 전하고자 하는 이야기는 "나 자신을 소중히 여겨라."이다. 나 자신에게 선물을 줄 수 있도록, 나를 위해 나만의 시간을 쓸 수 있도록, 그 작은 꿈들을 이루기 위한 노하우와 방법들을 나누고 싶은 것이다. 이 책을 읽은 사람들이 내가 꿈꾸고 이룬 것과 같은 행복한 상상을 하길 바란다. 이것이 내가 이 책을 쓰는 이유다.

　최근에 회사에서 재밌는 경험을 했다. 친한 후배들의 추천으로 회사 공식 유튜브용 영상을 찍게 된 것이다. 영상은 진행자의 질문에 내 생각을 답하는 형식으로 이루어졌다. 진행자가 매끄럽게 진행을 잘한 덕분에 답을 하는 나 역시 긴장하지 않고 영상을 찍을 수 있었다. 나는 진행자의 질문에 때로는 웃긴 에피소드로, 때로는 제법 진지한 내용으로 답하며 이야기를 나누었는데, 인터뷰 내용 중에는 내가 쓰고 있는 책에 관한 내용도 있었다. 따로 대본을 두지 않고 진행된 인터뷰였음에도 NG는 나오지 않았다. 평소 글을 쓰다 보니 이에 대한 생각이 잘 정리되어 있었던 덕분이리라. 내가 나만의 꿈을 이루어가는 과정이나 삶의 꿀팁들에 대해 이야기할 때, 진행자뿐만 아니라 촬영 스태프들까지 진지하게 경청해주는 모습을 보면서 얼마나 큰 감동이 몰려오던지. 정말 전율이 느껴질 정도로 행복한 순간이었다. 촬영을 마친 후, 진행자는 내게 "부장님, 다른 대상자분들이랑 달리 이번 촬영은 방송 분량이 엄청 나서요. 부장님 영상은 2회차로 나누어 방송하기로 결정됐습니다."라고 귀띔해주었다. 솔직히 얼떨떨했다. 그러나 한편으로는 내가 나의 삶을 타인과 나눈다는 것이 그만큼 행복한 일임을 다시 한 번 깨달을 수 있었다.

나는 오래전부터 어떻게 하면 더 효과적으로 내가 생각하는 삶의 가치를 나눌 수 있을지, 어떻게 하면 사람들에게 선한 영향력을 미칠 수 있을지에 대해 생각해왔다. 그리고 이에 대한 답을 최근에 찾을 수 있었다. 바로 제대로 된 책 쓰기를 통해서 말이다. 책 쓰기, 글쓰기를 제대로 배우게 되면서, 북콘서트나 〈세바시〉와 같은 곳에서 베스트셀러 저자들의 강연을 들으면 그들의 진정성 있는 한 마디에 내 마음이 움직이는 것을 느끼게 된 것이다. 언젠가 내가 베스트셀러 작가가 된다면, 나 역시 진정성으로 누군가의 마음에 울림을 주는 사람이 되리라는 상상을 더욱 명확하게 그릴 수 있었다.

언젠가 베스트셀러 작가가 된다면, 좀 더 많은 사람과 내가 나누고자 하는 이야기들에 대해 나누고, 또 행복한 상상을 할 수 있도록 돕고, 꿈을 이룰 수 있도록 용기를 전해주고 싶다. 그렇게 코로나가 끝난 어느 날, 사람들 앞에서 강연자로 당당하게 나서 희망을 전해주는 한 사람이 되기를 기대하며 꿈꾼다.

Part **7**

서 부장의
이중생활
최적 밸런싱 비법

비록 산의 정상에 이르지 못했다 하더라도 그 도전
은 얼마나 대견한 일인가. 중도에서 넘어진다 해도
성실히 노력하는 사람들을 존경하자. 자신에게 내
재한 힘을 최대한 끊임없이 도전하는 사람. 큰 목표
를 설정해 놓고 부단히 노력하는 사람은 인생의 진
정한 승리자인 것이다.

회사와 나는 부부보다
더 진한 애증 관계다

나는 앞선 파트를 통해 일과 즐거운 삶의 균형, 즉 직장생활과 나 자신을 행복하게 해줄 꿈의 균형을 이루는 삶에 대해 줄곧 이야기해왔다. 그리고 지금까지 그런 삶을 뒤로 미루며 살아왔다면, 이제는 그 꿈을 실현하기 위해 첫발을 디딜 용기를 가져보라고 말했다. 그러나 이런 이야기를 듣고 이중생활을 시작한 사람 중 일부는 이중생활이 익숙지 않다 보니 회사생활을 적당히 대충해도 되는 것으로 잘못 이해하고는 한다. 심지어 내 말을 듣던 누군가는 "이중생활과 재테크, 집짓기, 책 쓰기에 대한 이야기는 있는데 회사생활을 지혜롭게 하는 팁은 없는 것 같네요." 하고 말하는 게 아닌가?

솔직히 말하자면 회사생활 잘하는 방법을 알려주는 책들은 이미 서점에 차고 넘칠 정도로 많다. 더 솔직하게 이야기하자면, 대부분의 직장인은 이런 책이 필요 없을 정도로 이미 회사생활에 정통(역량적인 면에서나 전문적인 면에서나)한 것이 사실이다. 때문에 나는 회사생활에 대한 팁을 굳이 내 책에 넣을 필요는 없다고 생각했다. 하지만 위와 같이 내게 이야기하는 사람들로 인해 나는 곰곰이 생각해보게 되었다. '정말로 내 책에는 회사생활을 잘하는 팁은 넣지 않아도 될까?'라고 말이다. 그리고 생각 끝에 나는 회사생활 역시 이중생활의 한 축으로서 매우 중요하다 강조한 만큼 회사생활에 대한 중요성에 대해 언급해야겠다는 결론을 내리게 되었다. "제대로 된 회사생활 없는 이중생활은 말 그대로 외도外道지, 이중생활이 아니다."라고 했으니 이에 대해 명확하게 짚고 넘어가야겠다는 생각이 든 것이다.

그렇다면 '이중생활'이라는 관점에서 '회사생활을 잘한다'는 것은 어떤 의미일까? 이것은 과연 이중생활에서 얼마나 중요할까? 회사란 나에게 어떤 존재이며, 나는 회사에 어떤 존재일까?

나는 '회사와 나의 관계'에 대해 진지하게 문답해보기로 했다. 내가 말하는 이중생활이란 두 개의 생활을 모두 즐기며 제대로 해냄을 의미한다. 만약 내가 회사생활을 제대로 하지 못한다면, 맡은 일에 충실하지 못한다면 나의 이중생활 역시 찜찜함으로 남게 된다. 그러나 단언컨대 나는 내가 지금까지 누려온 이중생활에 있어 티끌만한 찜찜함도 없다. 정말 떳떳하게 회사생활을 잘했기 때문이다. 그렇다. 이것이 핵심이다. 내가 반드시 이루고 싶은 일이 있다면, 그것에 대해 무한히 상상하되 그전에 일단 내가 서 있는 곳에서 온 힘을 다

해야 한다. 그래야 당당하게 꿈을 이루며 하고 싶은 일을 할 수 있는 것이다.

당연히 이는 말처럼 쉬운 일이 아니다. 나 역시 20년이 넘게 조직에 몸담고 일해온 사람으로서, 직장인들이 얼마나 힘든 생활을 하는지 누구보다 잘 알고 있기 때문이다. 나와 비슷한 시대를 걸은 사람들, 그렇게 이 자리까지 버텨낸 사람들이라면 회사생활에서 힘들었던 에피소드 두세 개쯤은 누구나 있을 것이다. 나 역시 회사에서 밤 11시가 되도록 집에 갈 생각이 없는 사수와, 진즉에 잡힌 중요한 약속이 있던 날 갑자기 들려오는 "오늘 부사장님께서 술 한잔하자고 하시니 직급별로 한 명씩은 대기!"라는 상사의 외침, 밤새 술을 마시다 아침 해가 보일락 말락 할 때쯤 들어가며 "내일은 모두 점심 출근이야!" 말하는 상무님, 막상 아침에 출근하면 언제 그랬냐며 정시 출근해 있는 사람들, 출근하자마자 멍한 머리를 쥐어뜯으며 시작하는 회의, 퇴근 시간이 지나고서야 그날 회의 내용을 정리하고 보고서로 마무리하게 되는 하루 등 결코 멀쩡한 정신으로 살아가는 것이 아닌 일상이 무한히 반복되던 시절이 있었다. 그러나 나는 그 시간을 포기하지 않고 버티며 여기까지 왔다. 스스로가 정말 대견할 정도로 말이다. 나의 이중생활은 이러한 모든 회사생활을 견뎌냈기에 가능했다. 인생 제2막을 위한 준비를 할 수 있었던 데에는 이처럼 인고의 시간을 견뎌낸 것이 바탕이 되었다.

내 맘에 들지 않는 회사, 일이 많은 회사에 불평하기 이전에 회사와 내가 서로를 알아가기 위한 시간을 충분히 가져보아야 한다. 그렇게 찬찬히 서로를 알아가며 그 안에서 내가 성장하기 위한 계획을 세우고, 또 회사에 속한 사람으로서 이곳에 어떤 기여를 할 것인지 궁리하고, 그 길을 충실하게 걸어가 보아야 한다. 내가 회사에 충실할 때 회사 역시 나의 장점을 알아보고 나를 인정해준다. 또한 때때로 단점을 덮어주며 함께 걸어가는 존재가 되어준다. 어느 책에서 회사와 직원의 관계를 인간관계로 비유한 것을 본 적이 있는데, 나는 여기서 한발 더 나아가 회사와 직원의 관계를 '부부관계'로 비유하고 싶다.

오랜 시간을 함께한 부부를 '애증의 관계'라 한다. 그리고 회사와 직원 역시 이와 다르지 않다. 애증의 사전적 의미는 '사랑과 미움을 아울러 이르는 말'이다. 부부 사이에 사랑과 미움이 공존하듯 회사와 직원 역시 마찬가지다. 좋을 때는 서로 이해하고 알아서 잘해주지만 힘들 때는 언제 그랬냐는 듯 서로 상처를 주고받는다. 20년이라는 직장생활을 통해 얻게 된 깨달음이다. 나 역시 작은 것에 섭섭했고, 상처들에 우울해했다. 하지만 내게 막중한 일이 주어지면 또 열정적으로 최선을 다해 업무를 수행했다. 그렇게 나를 믿고 일을 맡겨주는 회사에 미움보다 감사하는 마음을 갖고, 그 감사를 바탕으로 책임을 다하며 신뢰를 높여가자 회사 역시 그만큼 나를 신뢰한다는 것을 느낄 수 있었다.

회사생활이 부부관계와 다른 것은 딱 하나, 정년퇴직이 있다는 것뿐이다. 오죽하면 어떤 선배는 내가 회사생활과 부부관계에 대한 이야기를 하자 한참 듣다가 "정부는 부부관계의 정년퇴직을 즉시 제도화하라!" 하고 외쳤을까. 어찌 되었든 핵심은 서 있는 자리에서 맡은 바 책임을 다할 때 나만의 생활 역시 당당하게 이루어나갈 수 있다는 것! 이를 잊지 말자.

대체 가능성
낮은 사람이 되어라

나는 회사와 직장인의 관계를 부부 사이보다 더 진한 애증 관계라고 비유했다. 그러나 아무리 애증 관계라 하더라도, 이 관계가 유지되기 위해서는 최소한 맡겨진 역할을 제대로 한다는 것이 전제되어야 한다. 인간이 자신에게 주어진 모든 역할을 완벽하게 해낸다는 것은 사실상 쉽지 않은 일이다. 우리는 처음부터 뭐든 잘할 수 없으며, 실수 역시 자주 한다. 인간이기 때문이다. 그러나 내가 있어야 할 곳과 있는 곳에서 '반드시 필요한 사람'이 되는 것은 어디까지나 나자신의 '선택'이다. 우리는 맡은 일에 어떻게 임하느냐에 따라 그저 주어진 만큼만의 일을 하는 사람과 반드시 필요한 사람으로 나뉘게 된다. 집에서든, 회사에서든, 혹은 작은 모임에서든, 어떤 관계에서든 이는 매우 중요하다.

주어진 일만 하는 사람이 아닌 제대로 맡은 일을 해내는 사람으로 인정받는다는 것은 내가 소속된 곳으로부터 '인정받는 사람'이자 '반드시 필요한 사람'이 된다는 뜻이다. 우리는 속해 있는 곳에서 '내가 아니면 안 되는' 소중하고 중요한 사람이 되기 위해 노력해야 한다. 물론 이 판단의 기준은 내가 아닌 다른 사람이다. 스스로가 '나 아니면 안 돼.'라고 생각하는 것은 오히려 꼰대가 된 건 아닌지 점검해야 하는 신호다. 그러니 이러한 생각을 갖고 있다면 경계심을 갖자.

다시 본론으로 돌아와, 스스로에게 솔직하게 물어보자. 나는 남들로부터 꼭 필요한 사람이라고 인정받고 있는가? 만약 이 질문에 대한 답이 'NO'라면, 이는 곧 냉정하게 말해서 '나'라는 존재가 언제라도 대체 가능성이 있는 수준의 사람밖에는 되지 못한다는 뜻이다. 이것은 결코 간과해서는 안 될 일이다. '대체 가능성 낮은 사람이 되는 법'에 대해 알려주는 자기계발서가 대세를 이루고 있다는 것이 이러한 시대적 분위기를 대변하고 있다. 이번 파트에서는 20년 이상 근속한 경험을 통해 체득한, 나만의 '대체 가능성 낮은 사람이 되는 팁'을 나누어보고자 한다.

대체代替의 사전적인 뜻은 '다른 것으로 대신함'이다. 인류는 역사적으로 기존의 것을 다른 것으로 대신하는 과정을 반복하며 끊임없이 발전해왔다. 석기시대에서 철기로, 말에서 자동차로, 화석 에너지에서 신재생 에너지로의 변화처럼 목적은 바뀌지 않지만 수단은 대체되어 왔다. 이는 우리의 삶에서도 마찬가지다. 더 선명하고 큰 TV

와 신기술이 적용된 모바일 기기, 그리고 섹시한 전기자동차 등 일일이 나열하기도 어려울 만큼 수많은 것들이 계속해서 대체됨을 반복해오고 있다. 이렇듯 '대체'라는 단어는 우리가 살아가며 하게 되는 선택의 순간마다 늘 존재해온 개념인 것이다. 사물이나 사람은 물론이고 심지어 보이지 않는 형이상학적인 것들까지도 우리는 모든 영역에서 자연스럽게 이러한 '대체'를 사용해왔다. 그러나 '대체'를 자연스럽게 사용하는 것은 어디까지나 선택의 권한이 있을 때의 얘기다.

'나'라는 존재가 남에 의해 대체된다고 생각하면 마음이 불편해진다. 이것은 어쩔 수 없는 현실이다. 때문에 우리는 현실에서 맞닥뜨리게 되는 '내가 대체될 수 있는 상황'을 회피할 것인지 아니면 적극적으로 대응할 것인지에 대해 선택해야 한다. 그리고 여기에 대한 내 생각을 이야기하자면, 선택할 것이 아니라 무조건 적극적으로 대응해야 한다. 물론 대응하는 방식에 대해서는 선택이 필요하다. 그 선택에 따라 이후의 삶의 질이 결정될 수 있기 때문이다. 나는 최선을 다해 적극적으로 대응하는 사람이다. 회사 컴퓨터에 "나 스스로 끊임없이 변화하자! 이것이 내가 살아있다는 증거다!"라고 적어놓고, 업무를 시작하기 전에 이 문구를 보며 그날 하루 최선을 다해 일하기 위한 동기부여를 받는다. 이 문구를 적은 이유는 명확하다. 변화란 스스로 하는 것이 매우 중요하다고 생각하기 때문이다. 남에 의해서 변화되는 것은 이미 늦었거나 실패할 확률이 높다는 것을 나는 안다.

자, 우리가 회사생활을 시작하던 시기를 한번 떠올려보자. 높은 수준의 관문을 막 통과한 신입이었던 만큼, 우리는 주어진 역할을 잘 수행할 수 있었다. 그러나 시간이 지남에 따라, 세상이 바뀌는 속도에 따라 나 역시 변했을까? 아니다. 세상이 변하는 속도만큼 나 자신을 업데이트하기란 결코 쉬운 일이 아니다. 정말 촉각을 곤두세우고 매일같이 스스로를 업데이트하는 사람이 아니라면 말이다. 그래서 우리는 좀 더 앞서 나가는 사람이 되기 위해 노력해야 한다. '세상의 변화에 따라가는 사람'이 아니라 '세상의 변화에 주체가 되는 사람'이 되기 위해 변화해야 한다는 것이다. 이런 변화야말로 '나'라는 존재를 어디에서도 대체되지 않게 해줄 뿐만 아니라 오히려 더 나은 위치로 도약할 수 있게 만들어주는 동력원이 된다.

나는 사람들로부터 '성공한 사람'이 아니라 '성장하는 사람'이라고 불리기를 원한다. 성공은 완성형이고 성장은 진행형이기 때문이다. 성장은 어제보다 오늘이 더 낫고, 내일이 오늘보다 더 좋은 방향으로 변화해 간다는 의미다. 내가 원하는 방향으로 변한다는 것은 곧 살아있다는 뜻이다. 즉, 내 에너지가 계속 생성되고 있다는 반증인 것이다.

　이 책을 통해 내가 말하는 이중생활은 단순히 '그동안 못 놀아봤으니 이제는 놀아보자'는 의미가 아니다. 내 인생의 주인인 내가, 주체적으로 나의 삶을 이끌어가기 위해 스스로의 성장을 이뤄나가는 그 과정에서, 일과 삶의 최적의 밸런싱을 구현하기 위한 옵션. 이것이 내가 그대들에게 전하고자 하는 '진정한 이중생활'이다.

진짜 내 인생을 두 배로 즐겨라

책을 쓰기 시작할 무렵, 잘 아는 선생님을 찾아가 좋은 책을 소개해주길 부탁드렸다. 사람들이 어떤 책을 좋은 책으로 인정해주는지, 또 어떻게 해야 베스트셀러가 될 수 있는지 벤치마킹을 하고 싶었기 때문이다. 그렇게 나는 《몽테뉴의 수상록》이라는 책을 처음으로 읽게 되었다. 원본은 1,000페이지가 넘는 방대한 분량이지만 나는 핵심적인 부분만 새롭게 재구성해서 만들어진 편역본을 읽었다. 책을 단숨에 읽은 나의 소감은 "내가 이 책을 몇 년 전에 읽었더라면 어땠을까?"였다.

이 책을 한마디로 표현하라고 한다면 '나를 알아가기 위한 참고서'라고 말하고 싶다. 몽테뉴는 책의 중반부에서 "모든 애정을 내 영혼과 나 자신에게 쏟아야 하고, '나'라는 존재를 충실하게 누릴 줄 알아야 한다."라고 말한다. 나 자신을 소중하게 여기지 않는 사람들은 "인생을 즐기며 살아야 한다."는 말이나 "부지런히 살아야 한다."는 말의 제대로 된 의미를 이해하지 못하곤 한다. 반면에 '나'를 소중히 여기는 사람들은 이미 인생을 두 배로 즐기고 있거나 적어도 인생을 두 배로 즐길 준비가 된 사람들이다. '나'라는 존재를 진심으로 알고 존중하느냐 그렇지 못하느냐의 차이가 '진짜 인생'을 즐기는 사람과 그렇지 못한 사람의 선을 나누어주는 것이다.

철학자 세네카는 일찍이 "인간은 항상 시간이 모자란다고 불평하면서 마치 시간이 무한정 있는 것처럼 행동한다."라고 말했다. 인생을 살아가면서 게으름 피우지 말고 부지런해야 한다는 의미다. 인생을 정말 재밌게 살면서, 두 배로 즐기면서 사는 데 가장 핵심적으로 필요한 것은 '부지런함'이기 때문이다. 내가 부지런하게 내 인생을 살게 되면 즐겁지 않을 것 같은 곳에서도 뜻밖의 즐거운 무언가를 발견할 수 있다. 몰랐던 즐거움이 생김으로써 인생을 두 배로 즐겁게 살 수 있게 되는 것이다.

부지런함과 함께 필요한 또 하나의 중요한 요소는 '실행'이다. 대부분의 사람들은 잘살고 싶어 하고, 재미있게 살고 싶어 하고, 또 삶을 즐기고 싶어 한다. 하지만 생각만 수없이 반복할 뿐 정작 실행하지 못한다. 생각만 하고 불평만 하는 것은 아무것도 손에 쥐어주지 않는다. 오직 행동만이, 즉 실행만이 진짜로 무언가를 손에 쥐어준다. 꿈을 이루는 사람과 이루지 못하는 사람이 확연하게 구별되는 이유가 여기에 있다. 진짜 부지런하게 자기 꿈을 이루기 위해 시도하는 사람만이 꿈을 이루는 것이다. 시도하지 않는 사람은 절대로 꿈을 이룰 수 없다. 말 그대로 일장춘몽에 불과한 것이다. 실제로 부지런함과 실행은 서로 관계도가 높은 가치들이다. 마치 맞물려 돌아가는 톱니바퀴들처럼 말이다.

나는 책의 제목으로 '이중생활'을 택했다. 이중생활이 뜻하는 것이 바로 '진짜 인생을 두 배로 즐기는 것'이다. 이중생활은 결국 우리의 선택이다. '나는 어떤 삶을 선택할 것인가?'에 대한 선택이 이중생활을 누릴 수 있는 사람과 누릴 수 없는 사람을 가르는 것이다.

주말 내내 항상 피곤하고, 월요일에 허겁지겁 일어나 회사에서 하루를 보내고, 퇴근하면 귀찮아서 소파에 누워 텔레비전을 보면서 시간을 보내는 것. 이렇게 매일같이 반복되는 삶을 살고 싶은가? 정말 그렇게 현실에 질질 끌려만 다니다가 삶을 마감하길 바라는가? 귀찮으니 잘 모르겠고, 복잡하니 머리 아프고, 그러니 일단 나중에 고민하기로 한 삶을 계속 유지하고 싶은가? 그 삶은 결국 진짜 인생을 두 배, 세 배로 즐길 수 있는 삶을 포기하는 선택이다. 이런 삶을 살겠다는 사람은 자신의 인생을, 자기 자신을 진실로 사랑하지 못하는 사람이다.

시간을 내어 부지런해짐으로써 혼자의 힘으로는 절대 안 될 것 같던 일들을 되게 만드는 과정을 겪어보아야 한다. 그래야 '진짜 인생'의 맛을 알아갈 수 있다. 그 과정을 통해 진정 '나'라는 존재가 하고 싶었던 것들을 찾고 누림으로써 인생을 두 배, 세 배로 즐겁게 사는 선택을 하게 되는 것이다. 중요한 것은 그 누구도 이 삶을 살아갈 수 있게끔 끌어당겨줄 수 없다는 것이다. 당신이 해야 한다. 바로 당신의 인생을 위해서, 당신 스스로가 일어나 이 길을 걸어야 한다.

나는 10년 후, 20년 후의 나를 상상한다. 베스트셀러 작가가 된 나, 숨은 내공이 있는 사람들과 수없이 만남을 가지며 인생의 중요한 이야기들을 즐기는 나, 가족들로부터 존경받는 나, 가족들과 함께 단 하루도 뺏길 수 없는 감사한 나날들을 보내는 나, 그러면서도 혼자만의 시간을 갖고 싶으면 언제든 혼자만의 시간을 여유롭게 누릴 수 있는 나의 모습을 상상한다. 이 모든 모습들은 지금 나의 부지런함 속에 있다. 현재 나의 부지런함 속에 10년 후의 나, 20년 후의 내가 있는 것이다. 나는 남은 거라곤 하나도 없는 지쳐 있는 중년이 절대 되고 싶지 않다. 사람들로부터 "그동안 고생 많았어요."라는 말이나 듣는 초라한 중년의 나, 그냥 만사가 귀찮고 힘들 뿐인 10년 후의 나를 결코 마주하고 싶지 않다.

"초라한 중년으로 살고 싶지 않다." 이것이 내가 이중생활을 시작하게 된 계기였다. 나는 나의 인생을 두 배, 세 배로 즐기면서, 원하는 것들을 얻으며 살기로 했다. 그렇게 나는 더 부지런해졌고, 더 발품을 팔았고, 더 열심히 공부했다. 그리고 아이러니하게도 10년, 20

년 후를 준비하는 이 과정을 통해 나는 깨달았다. 이 과정 자체가 인생을 즐기는 것임을 말이다. 나는 이 진실을 깨달은 뒤로 더욱 감사하게 모든 순간을 누리는 중이다.

　분명 어제까지의 삶을…… 아니, 오늘까지의 당신을 일으켜 세우는 것은 힘든 일일 것이다. 나 역시 잘 안다. 그래서 더욱 그런 당신을 응원한다. 열심히 살고 있음에도 언제 잘릴지 모르는 삶을 사는 당신을 안다. 매일 반복되는 삶이 지겹고, 꼭 하고 싶은 일이 있는데 하지 못해 괴롭고, 언제 이 상황이 변화할지 몰라 두려운 당신의 마음을 나는 잘 안다. 그러나 그 삶을 변화시키지 않으면 달라지는 것은 없다. 쫓기듯 살지 말자. 나 스스로가 깨달아야 한다. 나 자신이 지금 어디로 가고 있는지, 진정 추구하는 삶은 무엇인지 정말 잠시라도 시간을 내어 고민해보아야 한다. 나 역시 그러한 한계점에서 나를 찾기 시작했기 때문이다.

　누군가보다는 조금 먼저, 또 누군가보다는 조금 늦게 '진짜 인생'을 살아가고 있는 한 사람으로서 나는 나와 같은 삶을 원하는 사람들에게 말한다. "나는 이중생활을 통해 진짜 인생을 살고 있다."라고. 그러니 이제는 그 무거운 낡은 쇠사슬을 끊어버리고 나와 함께 진짜 인생을 살아보자. 우리 모두 두 배, 세 배로 즐겁게 사는 삶을 살 수 있다. 그리고 그 시작은, 당신 스스로가 내딛는 첫걸음이다.